ビジネス
教養としての

日本文化コンテンツ講座

増淵敏之

法政大学大学院地域創造インスティテュート教授
コンテンツツーリズム学会会長

徳間書店

はじめに

「日本ブーム」の現状と背景

パンデミックの収束以降、日本のインバウンド観光客数がV字回復を遂げている。東京でも至るところで、外国人の姿が視野に入ってくるようになった。実際、ＪＮＴＯ（日本政府観光局）の発表によると、２０２４年の年間訪日外国人客数は約３６８７万人となり、パンデミック前のピークであった２０１９年を約５００万人上回り、過去最高記録を更新した。かつてインバウンドを支えた中国人にとどまらず、韓国、台湾や欧米からの来日も目立つようになっている。

また、動画共有サイトやＳＮＳでは国内外の知識人、一般人の「日本礼賛」的な動画が引っ切りなしにアップされ、Ｗｅｂをはじめとした活字メディアでも関連記事は数多く散見できる。とくにアニメ、マンガ、Ｊ－ＰＯＰ、日本食、スポーツなどの日本の文化コンテンツが海外から注目されているという視点のものが多い。

動画共有サイト、ＳＮＳでは多くの欧米の親日家セレブリティが、彼らのさまざまなエピソードを紹介している。どこまでが真実かは定かではない部分もあるが、かつてもこの手の話がマスメディアで取り上げられることは多かった。しかし現在においては、動画共有サイト、ＳＮＳにメディアの主軸が移行している。これも海外の多くの人々が日本文化に興味を持つきっかけになっている。

２０２５年3月に東京ドームで開催されたメジャーリーグベースボール（ＭＬＢ）東京シリーズのロサンゼルス・ドジャース対シカゴ・カブス戦の前後で、選手、その家族からの「日本礼賛」のＳＮＳ、動画共有サイトでの情報発信が全世界から注目されたことも記憶に新しい。

つまり、このようなメディアでの情報発信が世界中に拡散され、インバウンド観光客のモチベーション喚起、情報探索に貢献していることは明らかであり、２０００年代初頭に「ビジット・ジャパンキャンペーン」が政策策定された時点のインバウンド観光客１０００万人という目標をクリアし、現在ではその3倍以上になっている。そして彼らの目的は物見遊山の他に、食文化をはじめとした多様な日本文化コンテンツが組み込まれていることに注目したい。

海外で大人気のさまざまな日本文化コンテンツ

ここ数年、韓国のＫ－ＰＯＰや韓流ドラマなどが海外でもブームになっていたが、いつの間にか日本の文化コンテンツが外国から熱い支持を集めている。

例えば２０１９年に大英博物館で開催されたマンガ展『The Citi exhibition Manga』では、キービジュアルに『ゴールデンカムイ』の登場人物、アシㇼパが起用され、話題を呼び、ロンドンのマンガ書店でもアメリカンコミックに代わって日本のマンガが主役の座にあるとされている。

　またアニメも『鬼滅の刃』が米国で、『スラムダンク』『すずめの戸締まり』が中国、韓国で大ヒットした。スタジオジブリの『君たちはどう生きるか』はアカデミー賞の長編アニメーション賞を受賞。一時期は国内でも日本アニメの未来について、各国との競合激化の中、悲観的な意見もあったが、それは杞憂に過ぎなかった。一般社団法人日本動画協会の「アニメ産業レポート２０２４」によると、２０２３年の日本のアニメ関連市場は３兆４０００億円を超え、そのうち海外での売り上げが50％以上になっている。

　また実写映画でも国内で話題を呼んだ２０２３年11月（米国では同年12月）公開の『ゴジラ－1.0』が米国でも驚異的なヒットを記録し、同作品は邦画・アジア映画史上初のアカデミー賞視覚効果賞を受賞。山崎貴監督は、『２００１年宇宙の旅』のスタンリー・キューブリック監督以来、史上２人目の受賞監督となった。２０２４年にはテレビドラマ『SHOGUN 将軍』が米国で人気となり、エミー賞で25部門にノミネートされ、その後、作品賞、主演男優賞、主演女優賞などを受賞し、日本の文化コンテンツへのさらなる注目の一端を担うことになった。

　Ｊ－ＰＯＰも同様だ。ここしばらくＫ－ＰＯＰに押されている感もあったが、１９８０年代の日本のシティポップが注目されたことに端を発し、YOASOBI、米津玄師、ONE OK ROCK、BABYMETAL、King Gnu などが海外認知を高めている。

また米国MLBの大谷翔平、山本由伸、今永昇太、鈴木誠也、ダルビッシュ有、佐々木朗希などの各選手の活躍、ボクシングの井上尚弥、中谷潤人、サッカーの久保建英、三笘薫、長谷川唯、谷川萌々子などの活躍をはじめとして、バスケットボール、バレーボール、ラグビー、卓球などの日本人スポーツ選手の海外での評価は高まる一方だ。おそらく日本独自の人材育成システムがようやく功を奏してきたのだろう。スポーツも広義の文化コンテンツの範疇に入れるべきかもしれない。

そして日本食だ。文化コンテンツを広義で捉えると、日本食も創作の努力が背景にあるので、その範疇にあるといってもいいだろう。日本食関連の企業の海外での店舗展開は活発化しており、かつ現地での起業も相当数になっている。とくにいわゆるファストフードと位置付けられる回転寿司、ラーメン、うどん、そば、とんかつ、天丼、そしておにぎりなどが海外での認知を高めている。味のバリエーションもさることながら、アニメ、マンガなどの文化コンテンツ作品の中に描かれていることも海外での認知の一助になっているのだろう。

広義の「文化コンテンツ」による日本経済への貢献

文化庁は2018年にユネスコのガイドラインにもとづいて、日本の「文化GDP」の推計を開始した。これは、A文化遺産／自然遺産、Bパフォーマンス／セレブレーション、

Ｃビジュアルアーツ／工芸、Ｄ著作・出版／報道、Ｅオーディオ・ビジュアル／インタラクティブメディア、Ｆデザイン／クリエイティブサービスの６項目を「コア文化領域」とし、Ｇ観光、Ｈスポーツ／レクリエーションを「関連領域」としている。

映画・舞台プロデューサーで内閣府クールジャパン官民連携プラットフォームのアドバイザリーボードを務める福原《ふくはら》秀己《ひでみ》は、著書『２０３０「文化ＧＤＰ」世界１位の日本』（２０２０年、白秋社）で、この文化ＧＤＰという概念に触れ、「ユネスコモデルによる日本の文化ＧＤＰ」（表１）を作成している。

この統計は株式会社シィー・ディー・アイ作成の２０１８年度「文化行政調査研究」文化芸術の経済的・社会的影響の数値評価に向けた調査研究報告書をもとに福原が作成したものだが、２０１６年の基礎的な日本の文化ＧＤＰは10兆４４３億円で、観光、スポーツ・レクリエーションを加えると、30兆６８３１億円にも上るとしている。なお、文化庁の文化芸術の経済的・社会的影響の数値評価に向けた調査研究の２０２３年度版（２０２０年名目値）では、観光、スポーツ・レクリエーションを除いても10兆３４８５億円で、国のＧＤＰの１・92％に相当するとしている。

またＷｅｂ版「Forbes Japan」の２０２３年10月24日の記事で、戦略デザイナーであり多摩美術大学特任准教授の佐宗《さそう》邦威《くにたけ》は「文化ＧＤＰという考え方がある。文化庁が２０１８年に発表した文化行政調査研究によると、日本のアート、パフォーマンス、コンテンツ、デザイン、クリエイティブなどを足し上げた文化ＧＤＰは、14年時点で16兆５０００億円、

［表1］　ユネスコモデルによる日本の文化GDP（2020年 福原秀己）

2016年	ユネスコモデルの文化領域	各領域の粗付加価値（文化GDP, 2016）	比率（%）	対GDP比	構成要素 ＊当集計に含めなかった要素
文化領域	A. 文化遺産／自然遺産	1,185億円	1.2%		・ミュージアム（博物館など） ＊自然遺産 ＊遺跡、史跡 ＊文化的景観
	B. 興行／セレブレーション	5,088億円	5.1%		・パフォーミングアーツ ・音楽 ＊フェスティバル、フェア、祝祭
	C. ビジュアルアーツ／工芸	2,715億円	2.7%		＊美術（ファインアーツ） ・写真 ・工芸
	D. 著作、出版／報道	2兆6,740億円	26.6%		・著作、出版 ・新聞、雑誌 ・その他印刷物 ・図書館 ＊ブックフェア
	E. オーディオ・ビジュアル／インタラクティブメディア	2兆6,542億円	26.4%		・映画、ビデオ ・テレビ、ラジオ（ネット配信、ライブ、ストリーミング含む） ・インターネット放送 ・ビデオゲーム（オンラインゲーム含む）
	F. デザイン／クリエイティブサービス	3兆8,174億円	38.0%		・ファッションデザイン ・グラフィックデザイン ・インテリアデザイン ・ランドスケープデザイン ・建築サービス ・広告サービス
	文化GDP合計	10兆443億円	100.0%	1.9%	
関連領域	G. 観光	13兆790億円		2.4%	・国内観光供給材質、サービス総額25兆1,170億円から中間投入額差引後、ユネスコモデルに依拠しつつ日本独自基準（2016、観光庁）
	H. スポーツ、レクリエーション	7兆5,598億円		1.4%	・スポーツGDP（2016、スポーツ庁） ＊アミューズメントパーク ＊キャンピング
	日本のGDP（2016、名目）	538兆5,328億円		100.0%	

出所：シィー・ディー・アイ作成の2018年度「文化行政調査研究」文化芸術の経済的・社会的影響の数値評価に向けた調査研究報告書の「文化領域」に「関連領域」を加えて福原秀己作成

これはＧＤＰ比の１・９％に当たるとされている。一方、イギリスの文化ＧＤＰは、ＧＤＰ比の５％にも達する。これを見れば、日本にはかなりの伸びしろがある。日本の数字には、11兆円規模の市場規模を持つ観光や、食産業は含まれていない。日本文化の付加価値を上げ、文化ＧＤＰ比率を高めていくことで、経済成長にも貢献できるはずだ」と述べる。福原作成の２０１６年のデータでは関連領域含めて30兆６８３１億円となり、ＧＤＰ比約５・７％にもなる。

なお外食産業を含む食品産業の国内生産額は、近年増加傾向で推移しており、経済産業省によれば、２０２２年のフード・ビジネス全体の名目事業規模は、約２０８兆円。「食料品工業」が約38兆円、「食料品流通業」が約１４２兆円、「飲食店、飲食サービス業」が約28兆円とのことだ。

また三菱ＵＦＪリサーチ&コンサルティングとマクロミルによる共同調査によれば、２０２４年のスポーツ参加市場規模は約１・７兆円で前年比24・０％増。スタジアム観戦市場が前年比57・０％増と大幅伸長、メジャーリーグ（ＭＬＢ）のファン人口（１１３３万人）が前年比23・８％増と大幅伸長し、５年連続で増加。日本のプロ野球チームのファン人口（２２１０万人）は前年比４・４％増、Ｊリーグチームのファン人口（９５２万人）は前年比11・５％増としている。

観光の市場規模は観光庁の旅行・観光消費動向調査によると、２０２４年の日本人の国内旅行消費額（速報値）は25兆１１７５億円となった。前年比14・６％増でコロナ禍前の

２０１９年を14・５％上回り、過去最高額を記録した。

つまり狭義の文化コンテンツ領域に観光、スポーツ、食品産業を加える広義の文化コンテンツ産業は、現在では日本の経済を牽引する主力産業になっているといえる。ちなみに日本企業による半導体の売上高は２０２０年時点で４兆５０００億円に過ぎないことからも、文化コンテンツ産業の市場規模の大きさがわかるだろう。

国内の課題と持続可能な次のステップ

このように、ようやくアニメ以外でも、日本の広義の意味での文化コンテンツは海外認知を高め、国内での市場も伸長している。この事実は嬉しいことではあるが、同時に現在の「日本ブーム」現象の背景にある日本文化の独自性を読み取ることが大切だろう。

そこに魅せられて多くのインバウンド観光客が日本を訪れるわけだし、中にはリピーターになり、さらには日本への定住を試みる人々も少なくはない。

まずは日本人がその点を十分に理解しなければならない。日本の文化をまず日本人が理解しなければ、日本の文化コンテンツの存在意義も薄れてしまうに違いない。

表層的な現象で一喜一憂するのもわからないではないが、日本の文化コンテンツが海外で評価され、好まれる理由を日本人は把握するべきだろう。それが持続可能性の原点になる。

ただ外国人には好感度の高い国だとしても、国内では数々の問題を抱えていることは否定できない。とくに注目しなくてはならないのは、倫理観の問題だろう。警察庁によれば2024年の刑法犯認知件数は前年比4・9％増の73万7679件で3年連続で増加している。全体的に犯罪の質が変わってきているような印象が強い。とくに詐欺などの知能犯罪が目に付く。また不可解な事件も増えてきたようにも思う。人としてやってはいけないことを明確に判断できる能力が欠如しているのだろうか。個人、それとも社会全体がその傾向を助長しているのだろうか。

つまり日本の文化コンテンツの背後にある日本の文化の本質を理解、把握することが極めて重要なのだ。それが日本の社会をあらぬ方向に向かうことを阻止してくれることに寄与することを筆者は信じて疑わない。文化コンテンツを楽しみながら、その背景に関心を寄せてくれることを期待したい。

クールジャパン的な政策も、単に経済偏重に向かうだけでは意味がない。文化コンテンツをそういった倫理観の生成にも活用することが重要なのではないかと思う。経済と倫理観は決して乖離したものではなく、本来、密接な関係であるべきであったはずだ。しかし経済の成長は人々の生活を豊かにするという神話があまりにも尊重されてきたのではないか。

GDPの国際的な序列に一喜一憂するのは本質的な捉え方ではない。日本の文化の独自性が維持、継続できればそれでいいのではないだろうか。表層的な国のポジショニングに一喜一憂することの必然性を感じない。凛として、また泰然自若としながら、静かにイノベーションを適切に行っていけば良いと思う。そしてその背景に潜むものを国民がそれぞれに斟酌《しんしゃく》すれば良い。

日本の文化コンテンツの海外での認知が高まるこの好機に、日本の文化の携える本質を押さえてみる必要性がある。自国の文化の本質を把握してこそ、次のステップに進むことができるのだ。そしてその次のステップは道を間違えない形で実現させなければならない。日本の文化のポテンシャルは極めて高く、これは日本の資源としては最重要なものと認識したいものだ。

本書ではその点に着目しながら、日本の文化コンテンツの現状と未来を考えていきたい。そして個々の文化コンテンツの試行錯誤も考察しながら、海外のメディアでも注目を集めるようになり、海外の人々の生活にも影響を与えようとしている日本の文化コンテンツのパワーの根源を見出していきたい。

なお本書ではコンテンツを敢えて文化コンテンツとして論を進めていく。一般的にはコンテンツと呼ばれることが多いが、より具体的なイメージを持たせるために、この呼称を使用することとしたい。そしてこの文化コンテンツが海外で日本ブームを起こしているのである。

第2章 日本発文化コンテンツの海外での認知 41

第5章 海外から「美徳」と思われる点 123

第6章

外国人が抱く日本人像の背景を探る

133

第7章

「失われた30年」と日本化 167

第8章

国内地域での文化コンテンツの活用事例 185

第9章 国内の現状把握と今後の課題 221

第1章

海外での日本ブーム

インバウンド観光客の増大

「はじめに」で記したように、インバウンド観光客の数は驚くほど急速にコロナ禍前のピーク時を凌駕した。２０２３年初頭から復活基調に転じ（図１）、冒頭に挙げたＪＮＴＯ（日本政府観光局）の推計値では２０２４年に日本を訪れた外国人客数（インバウンド）は約３６８７万人、これは過去最高の数字になる。

２０２４年で見ると、ＪＮＴＯによれば国・地域別では韓国、中国、台湾、米国、香港の順番で、コロナ禍前の２０１９年に比べて、韓国、米国からの観光客が６割近く伸長し、中国人観光客もピーク時の７割強まで回復している。

２０１０年代にビザの緩和、ＬＣＣの普及、円安等の要因でインバウンド観光客が増加傾向を示してきたが、インバウンド観光客が１０００万人を突破したのは２０１３年度のことで、ずっと韓国にも及ばなかったが、この年は２０２０年の東京オリンピック開催決定、富士山のユネスコ世界文化遺産登録、「和食」の同無形文化遺産登録などインバウンド観光客の増加要因もあり、この時点から急速に増加してきたともいえる。

つまり現在のインバウンド観光客を見ると、コロナ禍前と変わったのが欧米からの観光客の増加だろう。ＳＮＳや動画共有サイトでは、欧米人がアップするものが増えたし、単なる旅行のみならず移住者がアップするものも多い。

［図1］　訪日外国人観光客数の推移

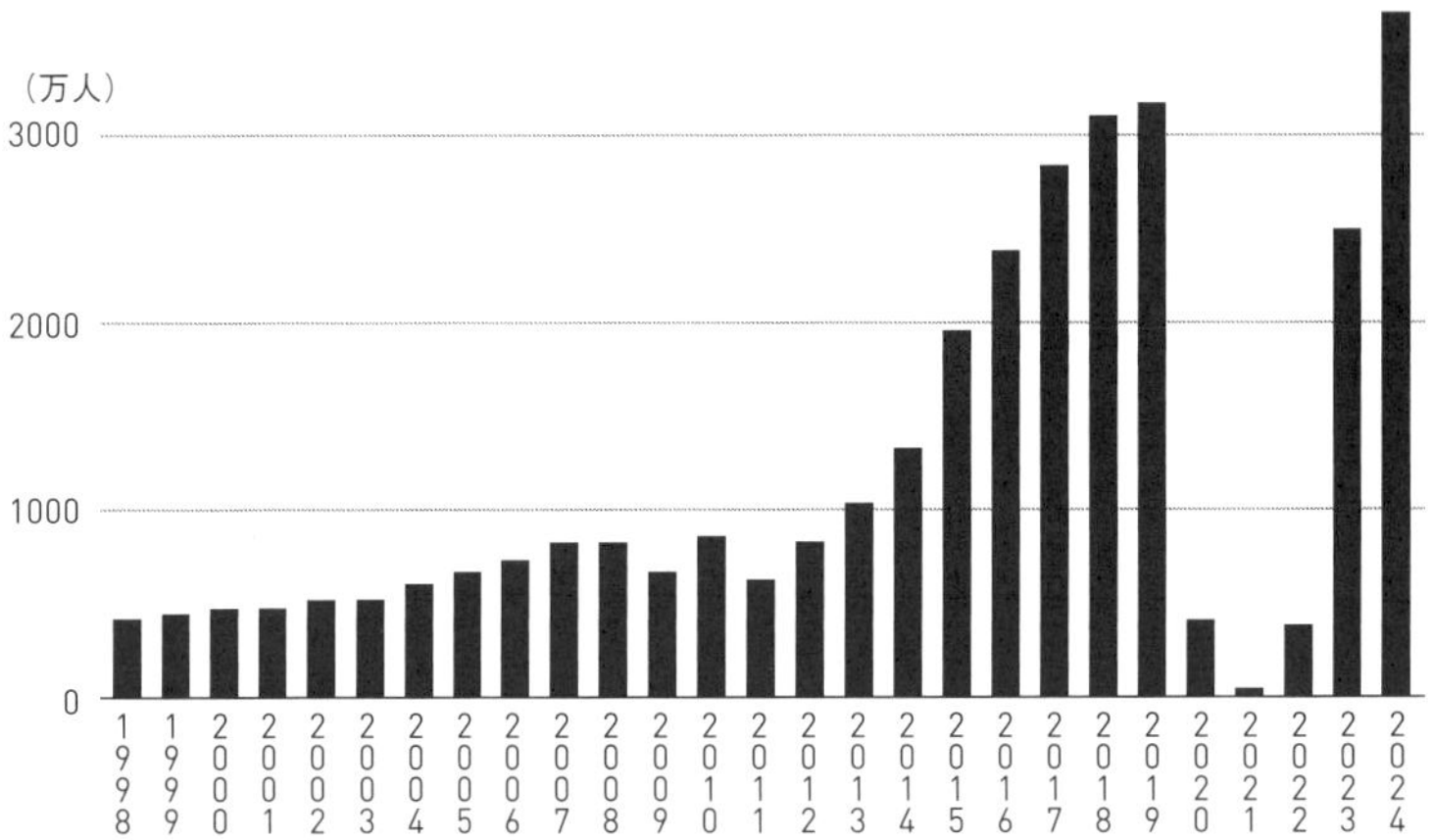

出所：2024年 日本政府観光局 訪日外客統計

テレビ東京の『ＹＯＵは何しに日本へ？』のような、インバウンド観光客を対象にしたYouTubeチャンネルも相当な数になる。

それらに共通しているのは、「日本礼賛」的なものであり、日本の良い点を外国人が誉めそやすという内容が多い。日本人としては視聴して面《おも》映《は》ゆい気持ちになるのと同時に、単純に嬉しくもある。ただ冷静に捉えるとどうも日本人としての筆者の感覚と微妙にずれている点もある。観光客目線であれば、旅行先の日本人と深いコミュニケーションを取る機会はそんなに多くはないはずだ。ただインバウンド観光客のみならず移住者も確実に増えており、最近では中国人、ベトナム人、韓国人が上位3位を占めるが、欧米人の増加も目に付く。

一方、日本人の海外旅行者数は、ＪＮＴＯによれば、ピーク時の２０１９年には２０００万人を超えていたが、２０２３年では約９６２万人と半減、2024年は約1300万人となっているが、まだピーク時ほどには回復していない。

この背景にはコロナ禍や円安及び各国の治安の悪化が挙げられるだろう。しかし海外への日本人移住者は静かに増えているという。外務省の海外在留邦人数調査統計によれば、2024年10月1日時点で永住者は過去最高の約58万人になったとしている。この統計は3カ月以上海外に暮らす日本人に関するデータだが、ちなみに海外で暮らす長期滞在者と永住者の合計は約129万3000人、長期滞在者はコロナ禍の影響で、5年連続で減少しているとされる。

逆に、インバウンド観光客の伸長は顕著になっている傾向にある。この背景には前掲した幾つかの要因の他、やはり海外での浸透が著しい日本の文化コンテンツの影響が大きいに違いない。

世界で最も行きたい国、日本

2024年10月、米国の大手旅行雑誌『コンデナスト・トラベラー』が発表した読者投票ランキング「リーダーズ・チョイス・アワード」の「世界で最も魅力的な国」において、日本が第1位になった。この調査は同誌の50万人以上の読者が各地で再訪したい場所について、国、都市、島、リゾートなどの約10のカテゴリーで実施された。「リーダーズ・チョイス・アワード」は旅行業界で長い歴史と権威を持つ読者投票とのことだ。

２０２４年４月、英国の旅行保険会社インシュアランス・ゴーが再訪したい場所に関してランキング形式で発表、ランキングは日本が１位となり、２位以下にはイタリア、スペイン、メキシコの順で続く。調査はネット掲示板「レディット」の一部を構成する「r/Travel」サブレディットにおいて、７５００件以上のコメントを分析した。結果、３２４回言及されていた日本が首位となったとされる。

２０２４年７月、電通は「ジャパンブランド調査２０２４」の結果を発表した。調査は２０２４年１月19日〜３月26日、世界15の国・地域の20〜59歳の７４６０人を対象にインターネットで行われた。この調査では世界の海外旅行経験者の観光目的で再訪したい国・地域について、日本（34・６％）が１位で、２位のシンガポール（14・７％）とは19・９ポイント、３位の米国（13・０％）とは21・６ポイントの差があった。

このようにコロナ禍明け以降、いつの間にか日本は世界トップクラスの好感度の高い国になっていたという印象が強い。コロナ禍前でも経済成長著しい中国や東南アジア諸国からの観光客が目に見えるように増えていたが、その時点で日本の魅力の訴求はアジア圏にとどまっていた。しかし現在は欧米にも訴求し始めている。とくに東京などの大都市では欧米人観光客の姿を見かけることが当たり前になってきた。

この根拠はどこにあるのだろうか。『インバウンドプロ』（２０２２年11月23日）では、「外国人が訪日や居住で感じる日本の魅力」として以下の点を挙げている。１・治安の良さ、

2・街の清潔さ、3・食体験が豊富、4・四季を楽しめる、5・歴史や伝統を感じる場所、6・伝統文化、7・サブカルチャー、8・買い物天国、9・ハイレベルなおもてなし、である。

かつては〝遠い極東の島国〟であった日本は、確かに独自の文化や魅力を持ち、特定の人々に注目されてはきたが、現在ほどのメジャー感はなかった。一部の人が興味を持つ程度だった。USニューズ&ワールド・レポートがペンシルベニア大学ウォートン校などと提携して毎年作成している「世界最高の国」ランキングの2024年版（9月10日発表）では、「文化的遺産」「国力」「起業家精神」などの項目に関して89カ国がランク付けされている。

結果的にはスイスが3年連続で「世界最高の国」に選ばれたのだが、ベスト10を見てみよう。

10位デンマーク、9位ニュージーランド、8位イギリス、7位ドイツ、6位スウェーデン、5位オーストラリア、4位カナダ、3位米国、2位日本、1位スイスだった。

基本的にこれまでこの手のランキングでは欧米の先進国が上位を占める傾向があったが、このランキングの2024年版は日本が2位になっている点が注目されるだろう。ちなみに2023年版では日本は6位だった。日本の好感度の向上を示しているといえるだろう。

キャビンアテンダントたちにも人気の日本

海外の都市間を結ぶ国際便のキャビンアテンダント（ＣＡ）の希望フライト先は今や、日本だという話をよく聞くようになった。外資系の航空会社でも日本便を希望するＣＡが多いらしい。諸説あるが日本便には一定以上の日本人ＣＡを乗務させなければならず、厳しい競争が繰り広げられているという。

エミレーツ航空においては３００名前後の日本人ＣＡが在籍しているといわれている。日本線は日本国籍を持つ日本人乗務員が６名必要だということで、他路線に比べて圧倒的に多く、同社が日本便に力を入れていることがわかる。他社では１～３名程度のところが一般的らしい。もちろん日本自体が渡航に際し人気があるのと同時に、日本人乗客に対する好感度の高さがその人気の理由とのことだ。他国の乗客に比べて、日本人の乗客は問題発生率が低く、手間がかからないという点が大きいのだという。

また２０２４年１月２日に起きた羽田空港での日本航空（ＪＡＬ）５１６便と海上保安庁機が衝突した事故で、炎上した日本航空機から乗員乗客３７９名全員が無事に脱出したことについて、欧米の各紙は奇跡を目撃したとし、ＣＡたちが素晴らしい仕事をしたことを指摘した。日本人ＣＡが優秀だということが改めて喧伝されたのだ。

海外便のＣＡたちは日本人乗客に好感を持ち、また日本人ＣＡが優秀だという印象を持たれていることも、日本人の印象がポジティブに捉えられていることを示している。これはＣＡのみならず、海外での日本人観光客も節度を守り、かつ日本国内での「おもてなし」の気持ちを持ついわゆる接客業、例えば観光案内所の案内人、店舗販売員、飲食店従業員、警察官、タクシー運転手などにも通底する評価であろう。

やはりインバウンド観光客は日本の「おもてなし」に注目することが多く、この部分が日本の文化のひとつの特徴として捉えられることが多い。「おもてなし」とは、相手に敬意を持ち、報いを求めない心でもてなすとでもいえばいいだろうか。この言葉は「モノを持って成し遂げる」という意味と、心の表がないということは、心の裏側もないことを示す「表なし」の両義があるとされる。

この言葉は平安時代からあるとされ、『源氏物語』にも使われている。またその後の茶道でも客を迎えるということでの特別な作法が求められ、正しい態度、待遇が必須となり、その振る舞いが「おもてなし」のもとになったという説もある。英語に言い換えるとホスピタリティという概念が近いのかもしれないが、「おもてなし」はよりまごころといった精神性や感性を重んじて、裏表のない心で接客することを指す。

イギリスの航空サービス格付け会社「スカイトラックス（Skytrax）」の２０２４年の最新の顧客満足度ランキングによれば、ベスト10は以下の通り。１位カタール航空、２位シンガポール航空、３位エミレーツ航空、４位全日本空輸（ＡＮＡ）、５位キャセイパシフィック航空、６位日本航空（ＪＡＬ）、７位ターキッシュエアラインズ、８位エバー航空、９

位エールフランス航空、10位スイスインターナショナルエアラインズである。

ベスト10に日本の航空会社が2社入っており、まさに安定の高評価だ。日本人の他人を優先させる「おもてなし」の精神が顧客満足度にも表れているといえるだろう。そしてこれはおそらく航空会社に限ったことではない。航空会社以外でも、サービス関連企業の対応はインバウンド観光客には総じて評価が高い。時代が変わってもこのスタンスは恒常的なものにしていきたいものだ。国のプロフィールとして重要なことだと思う。

外国人移住者の増加

現在、日本に居住する外国人の状況を見てみよう。出入国在留管理庁によれば、2024年6月末現在における中長期在留者数は331万1292人、特別永住者数は27万7664人で、これらを合わせた在留外国人数は358万8956人となり、前年末（341万992人）に比べ、17万7964人（5・2％）増加したとしている。おそらく全人口の約3％といったところだろうか。2013年から2019年にかけて、在留外国人は急増していたが、その後、コロナ禍の影響もあって、一時的に減少した。

2024年6月末時点での出入国在留管理庁によれば、在留外国人が多い自治体は以下の通りだ。なお出入国在留管理庁では「中長期在留者」とは、入管法上の在留資格を持って日本に在留する外国人のうち、次の（1）から（4）までのいずれにも当てはまらない人と定義付けている。
（1）「3月」以下の在留期間が決定された人
（2）「短期滞在」の在留資格が決定された人
（3）「外交」又は「公用」の在留資格が決定された人
（4）（1）から（3）までに準ずるものとして法務省令で定める人（「特定活動」の在留資格が決定された台湾日本関係協会の本邦の事務所若しくは駐日パレスチナ総代表部の職員又はその家族の方、デジタルノマド（国際的なリモートワーク等を目的として本邦に滞在する者）又はその配偶者・子）

また次の（5）及び（6）に該当する人も中長期在留者には当たらないとしている。
（5）特別永住者
（6）在留資格を有しない人

基本的には東京が圧倒的に多く、人口集中地区の自治体が中心になっていると見て取れる（表2）。国・地域別では、中国、ベトナム、韓国、フィリピン、ブラジル、ネパール、インドネシア、ミャンマー、台湾、米国の順になる。中国は84万4187人で突出しているが、前年と比較するとベトナムが最も増えている。とくに気になるのは米国が6万4842人で、前年と比較すると1434人増加、目立ちはしないが、着実に増えている。ベスト10では米国以外はすべてアジアの国・地域である。

アジア以外にも、欧米の諸国からも増えている点には着目すべきだろう。日本は人口減少に直面し、不足する労働力を海外からの日本移住者で補うという考え方もあるが、重要なのは海外の人々から見て日本は日常の生活をするに足る国に映るかどうかということだ。外国人から見て魅力的な国を日本が目指すことが最重要なのだ。これまで日本はこの点にはあまりこだわってはこなかった。

観光的な施策は当然、海外に向けて適宜、政府、民間と行っていたが、2000年代初頭まではインバウンド観光客は1000万人を超えることが目標で、韓国の後塵を拝してきたことから考えると、やはり経済的にも内需主導の色合いが濃かったし、「ビジット・ジャパン」政策が打ち出される前までは観光的にも内向きの傾向が色濃かった。

しかし、現在では300万人以上の外国人が居留する国になった。ここは観光とは違い、相当、慎重に構えるべきだろう。特殊な日本の文化を彼らが理解、許容できるか、この点は議論の余地がある。とかく、国がこの点に関して積極的に議論を進めてきた痕跡はない。たとえ議論をしてきたとしても現実的な施策

［表2］　在留外国人の多い自治体（2024年6月末）

順位	都道府県	在留外国人数	対前年増加数
1	東京都	701,955人	＋38,593人
2	愛知県	321,041人	＋10,196人
3	大阪府	317,421人	＋15,931人
4	神奈川県	280,020人	＋12,497人
5	埼玉県	249,327人	＋14,629人

出所：2024年 出入国在留管理庁

には結び付いてはいないように思える。

外国人の土地売買に関しても野放図だという指摘はかつてからあったが、この点においても国が何らかの施策を立案、実行に移してきた素振りはない。ただ欧米ではここ数年、違法移民も含め、相当、多くの移民の流入が目立つ。もちろん一部の国では生活苦や体制への不信などで国外脱出を図る人々も後を絶たないが、移民を受け入れてきた国は治安の悪化、テロの勃発、社会の分断などの課題に直面し、右傾化が進んでいる。

２０２４年の米国大統領選挙では共和党のドナルド・トランプが大統領の座に返り咲いた。トランプ大統領は「アメリカファースト」を改めて打ち出していくことだろう。おそらく移民の受け入れには消極的になり、不法移民の流入に関してはこれまで以上に拒否の方向に向かうことが予想される。日本は他国と海で隔絶されているので、まだ移民の問題を深刻には捉えていない。今後はこの点も含めての議論も重要なことになっていくだろう。

世界中が混迷を極めている現在、ありとあらゆる点で海外からの人々の受け入れを議論、検討すべき時代が日本にも到来したということだ。他国から魅力的な国に見られることは最重要だが、同時にそれに伴う諸課題も視野に入れていくことが必要になってきている。

SNS、動画共有サイトが日本の魅力を拡散

インターネットの普及によってさまざまな社会システムが大きく変化した。それは例え

ばEコマースでの取引が一般化したことに象徴されるが、インターネットにより誕生したソーシャルメディアの特徴は、誰でも画像や映像を手軽にアップできることと、それらが国境を超えて全世界に発信されるという点だ。

まさにインターネット普及以前、以後では世界が激変したといえるだろう。筆者としても今ではすっかり馴染んではいるが、30年前の日常生活を振り返ってみると、PCも携帯電話もまだ普及し始めたばかり。メディアではテレビの存在が大きく、情報はメディアを通じて受容するもので、個人からの発信など考えも及ばなかった。

換言すればアナログからデジタルへの転換ともいえる。いわゆる第4次産業革命の端緒に当たるのがインターネットだろう。第4次産業革命は、物理、デジタル、生物圏の間の境界を曖昧にする技術の融合によって特徴付けられる。この言葉は2016年の世界経済フォーラムで初めて使われた。ロボット工学、ブロックチェーン、ナノテクノロジー、バイオテクノロジー、量子コンピュータ、IoT（モノのインターネット）、3Dプリンター、自動運転車、仮想・拡張現実、プラズマなどが挙げられる。

さて、とくに情報発信においては、従来のマスメディアの優位性が揺らぎ、日本国内においてはインターネット広告費がマスメディアの雄であったテレビを凌ぐ状況になっている。この傾向はさらに続くと予想されている。そして現在は生成AIの普及が注目されている。

2024年にマーケティング・リサーチ会社のクロス・マーケティングとテレビ視聴の

注視データを取得するＲＥＶＩＳＩＯは、『コネクテッドＴＶ白書２０２４』を発表した（図２）。それによるとコネクテッドＴＶ視聴世帯における各動画サービスの平均視聴時間は、YouTubeが53・４分／日だった。YouTubeは、前年からさらに視聴時間が順調に伸び、地上波も合わせたランキングで２位となっている。YouTubeの上位にいるのは日本テレビだけだ。もはやYouTubeやAmazon Prime VideoのようなＯＴＴ（Over The Topの略：インターネットを通じてコンテンツを提供するサービス）が、地上波テレビと比べて遜色ないほど視聴されているというのが現実だ。

ただこれはコネクテッドＴＶに関しての調査であり、一般の視聴者はモバイル主体の視聴のシェアが拡大している。ＮＴＴドコモ モバイル社会研究所の、２０２３年１月の調査では、無料動画サービスの認知率はYouTubeが96・５％と非常に高く、広く知れ渡っている。またニコニコ動画、TVerは約８割、ABEMAは約７割の認知率があったとしている。

YouTubeは２０２３年５月時点での18歳以上の月間ユーザー数が７１２０万人に達しており、そのうち２６８０万人以上が45歳から64歳のユーザーと、若年層に限らず幅広い世代で利用されている。もはや地上波の優位性は盤石ではなくなり、YouTubeをはじめとした動画共有サイトが台頭してきているのが現実だ。

例えば政治関連にしても、一般市民にはマスメディアの忖度体質が透けて見えており、

［図2］　テレビデバイスで1日あたり何分利用されているか（分／日）

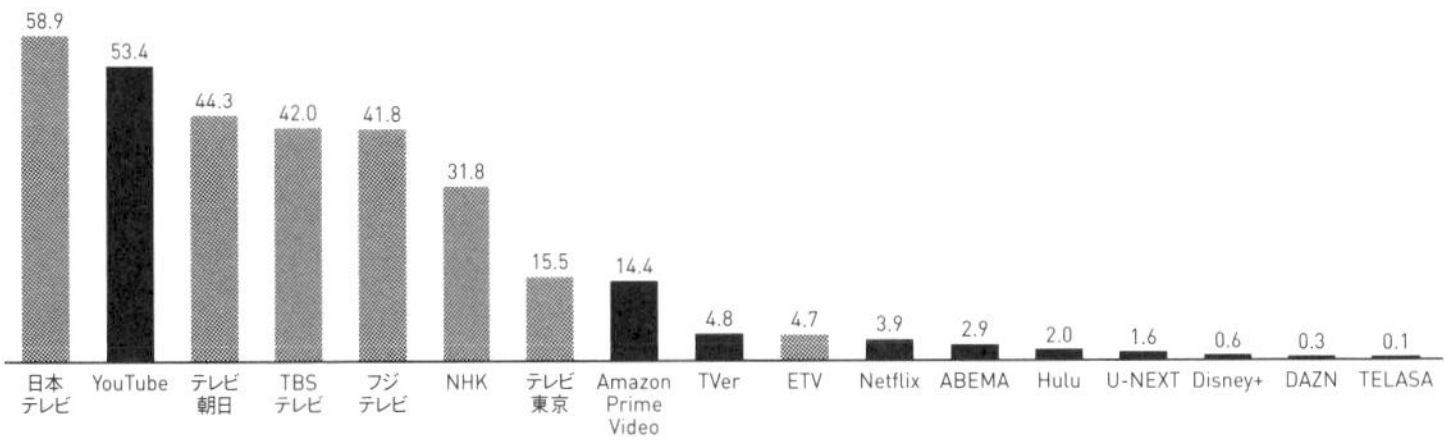

・REVISIO調査パネル（2,000世帯）において、該当のチャンネル・動画サービスを利用している世帯の平均利用時間（2023.10.1〜12.31で集計）
・dTV, FOD, NHK プラスは計測対象外
出所：『コネクテッド TV 白書2024』（クロス・マーケティング／REVISIO）

YouTubeのほうを好んで視聴している人も多い。選挙に関しても動画共有サイトやSNSがどれほど効果を高めているかに注目が集まっている。時代は大きく変わったという観がある。

当然、誰もが情報発信できることから、動画共有サイトには膨大な映像がアップされており、視聴者はザッピング、もしくは気に入ったチャンネルを登録して視聴する形態になっている。

つまり日本の魅力や情報発信も適宜、個々人が行える環境が備わったといえる。個人それぞれがメディア化したと捉えることもできるだろう。これもインターネットの普及がなせる業であり、人々のライフスタイルそのものも大きく変化させた。

つまり発信者がアップする映像の一部が日本の魅力伝達につながるものであり、それが全世界に絶えず拡散されているのである。この影響は極めて大きい。つまり動画共有サイトやSNSを通じて、外国人は日本の情報を入手しているわけであり、それが訪日願望を増幅させている。もち

［図3］　出発前に役に立った旅行情報源（全国籍・地域、複数回答）

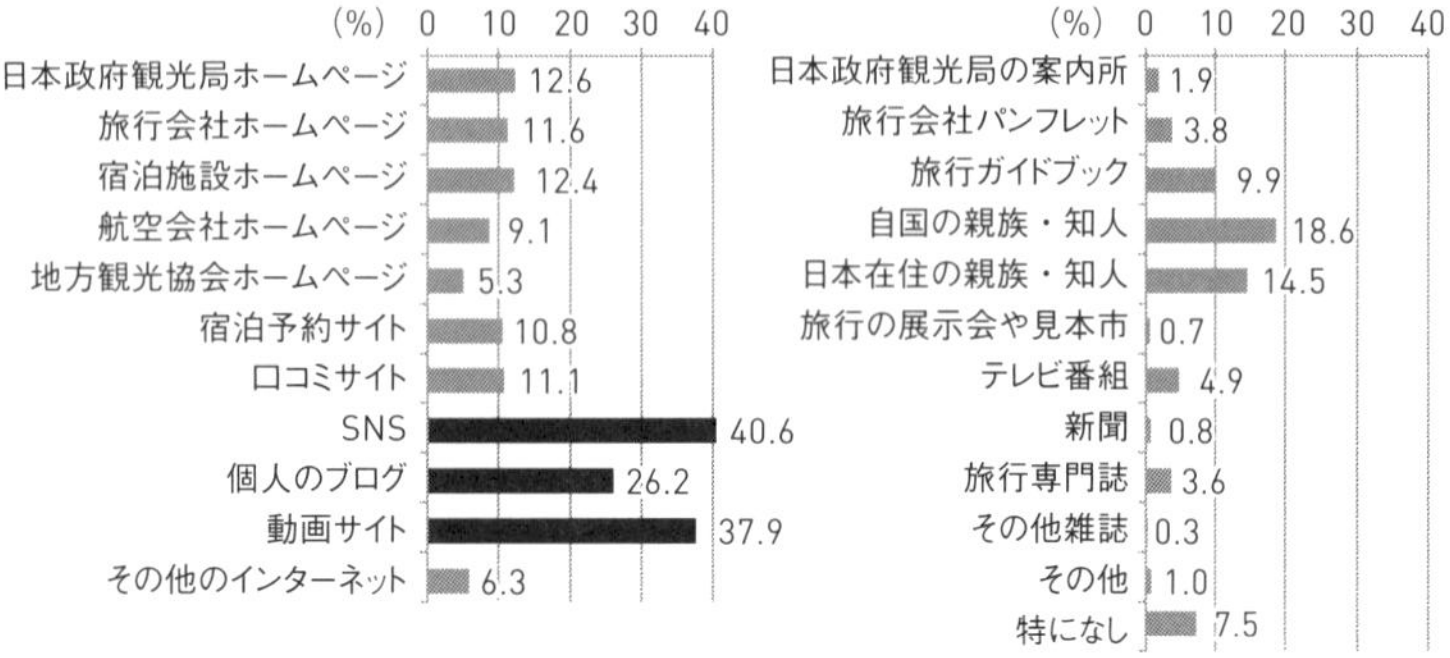

出所：観光庁「訪日外国人の消費動向」インバウンド消費動向調査結果及び分析
（2024年7-9期報告書）

ろん「JNTO」「Time Out Tokyo」などの公的機関や観光業者もこの新たなメディアを活用しているが、一般の発信者のものがどれだけの訴求力を持っているかという認識が必要であろう。

上記の図3でもSNS、動画サイト、個人のブログが機能していることがわかる。もちろん外国人からすれば言語の問題もあるので、英語が使用されているものがメインになるかと思われるが、とくに外国人の訪日経験に依拠するものが、訪日を計画しているインバウンド観光客には有効なのであろう。

日本に到着してからも、Google Mapさえあれば、道に迷うことも少ないはずだし、翻訳ツールもコミュニケーションを取るためには十分に使えるようになっており、各地の観光案内所も存分に役割を果たしている。日本語は確かに外国人にとってはハードルの高いものではあるが、それを補うツールや装置もかつてとは比べものにならないほどに充実している。この技術的な一連のイノベーションが、紛れもなく日本の好感度浮揚にとってのアドバンテージになっている。

第2章

日本発文化コンテンツの海外での認知

アニメの世界的な認知

アニメの世界的な認知に関しては疑念の余地はないだろう。国内で制作された作品は従来の海外配給ルートに配信ルートが加わることによって、さらに視聴されるようになった。2024年には米国のアカデミー賞で、スタジオジブリ作品『君たちはどう生きるか』が長編アニメーション賞を受賞したが、フランスのカンヌ国際映画祭でスタジオジブリが団体として初めて名誉パルムドールを受賞した他、アヌシー国際アニメーション映画祭では『窓ぎわのトットちゃん』がポール・グリモー賞を受賞した。

米国では1992年設立の「カートゥーン ネットワーク」が日本のアニメの米国での認知に一役買った。もともとは『トムとジェリー』『チキチキマシン猛レース』など米国アニメのアーカイブ作品を放送していたが、その後、グローバル化を図り、各国でチャンネル開設を展開し、米国では1998年に『ドラゴンボールZ』が放送され大ヒットした。その後、『遊☆戯☆王』『NARUTO』などが放送された。

また『AKIRA』は大友克洋のマンガのアニメ化で、すでにマンガのほうは米国でも話題になっていたが、劇場版アニメ『AKIRA』は、1988年7月に公開されるや国内外に強い衝撃を与え、日本アニメ史を語る上で欠かすことのできない重要な作品となった。日本のアニメの米国での転換点を創出した作品といえるだろう。それまでアニメは子供向けという印象が強かったが、『AKIRA』はその認識を大きく変えることに成功した。『AKIRA』のその複雑で未来的な都市景観の描写と、テレパシー能力を取り扱った物語は、次世代のクリエイターに影響を与え、例えばカニエ・ウェストのMVや、Netflixの『ストレンジャー・シングス 未知の世界』といった作品を生み出していった。公開されてから30年以上経つが、未だに欧米でも影響力の強い作品になっている。

また、米国での日本アニメ人気はアニメフェスティバルの存在が支えている。例えば米国で最も大規模なものとして知られている「アニメエキスポ」は2024年7月4日から7日までの4日間、LA・コンベンション・センターで開催され、主催者の日本アニメーション振興会（SPJA）は、期間中の来場者数は40万7000人以上、世界64カ国から参加があったと発表した。用意したチケットは完売だったとされる。

このイベントは「アニコン1991」として、サンディエゴのコミコンから始まった。もともと、日本のガイナックスがスポンサーとして参入、UCバークレーに設立された日本アニメーションクラブのスタッフが関わった。翌年、「アニメエキスポ」に替わり、日本アニメーション振興会が設立された。近年では宿泊者の増加により、LAの地域経済にも影響を与えているといわれている。

欧州ではアニメをはじめとした日本の文化コンテンツを対象にした「Japan Expo」が最も有名であろう。もともと、フランスでは日本の文化コンテンツに対する関心が高く、各地でアニメ、マンガ関連のイベントが開催されていたが、日本の文化そのものを取り扱うイベントはなかった。
「Japan Expo」は２０００年にJTS Groupによって開催され、現在では日本政府も支援している。メイン会場はパリのノールヴィルパント展示会場で、２０２４年7月11日から14日、４日間の動員数は20万人以上に上るとのことだ。他にマルセイユ、米国のサンマテオでも開催されてきた。また欧州ではドイツの各都市、オランダなども日本のアニメを中心としたイベントが多数開催されるようになってきており、米国もだがアニメを受容できる環境が時間をかけて形作られてきている。この点も極めて重要なことと思われる。

このような海外でのアニメの大規模イベントは日本のコミックマーケットが原点になっているように思う。コミックマーケットは基本的にはマンガ、同人誌が主流だが、近年ではコスプレなども含めサブカルチャー全般に拡張している。毎年8月と12月の年２回、東京国際展示場（東京ビッグサイト）で開催されている同人誌即売のイベントである。これほど大規模で、１９７５年から１００回以上の歴史を数えるほど長く続いている点でも稀有な事例だろう。

おそらく海外でのアニメフェスティバルなどもベンチマークにしているものだと推察される。つまり海外でのアニメ作品の放送、配信はもとよりこのようなイベント展開がファンの基盤を創っているのだろう。バーチャルとリアルの組み合わせはブームを恒常的なものにする効果を生む。

もちろん、日本のコミックマーケットも現在のような規模になるまで相当な時間がかか

2023年にフランス・パリで開催された「Japan Expo」ヴィルパント会場
写真：Hans Lucas via AFP

っていることからすれば、日本の文化コンテンツが海外で受容され、浸透するまでに時間がかかったのも当然であり、これは一見、非効率に見えるが、日本の文化コンテンツのベーシックな戦略なのだろうと思う。

日本の文化コンテンツは時間の流れの中でバリエーションを創っていくことから、なかなか選択と集中という戦略が取りにくいが、しかし今回の日本の文化コンテンツが引き起こしている海外での現象はある意味、正しい戦略なのかもしれない。時間をかけて、丁寧に処することが日本の文化コンテンツの海外展開に対する基本姿勢なのだ。

一時期、米国の3Dアニメ、台頭する中国のアニメなどに追い上げられ、日本のアニメ制作会社のアジア諸国へのスタジオ移転など、日本のアニメの未来に対してもネガティブな発言が散見されていたが、実際は杞憂に過ぎなかったようだ。確かにアニメイターの低賃金問題など、制作環境には厳しい指摘もされてはいるが、表面的には海外市場では確固たる地位を確保したといえるだろう。

ちなみに2024年10月18日の『日経ESG』Web版によれば、国連が5月28日に発表した調査報告書がある。この報告書は、国連人権理事会の「ビジネスと人権」作業部会が2023年7月から8月にかけて実施した訪日調査の結果だ。そこでは旧ジャニーズに代表されるエンタテインメント業界とアニメ業界に指摘があった。後者に関してはアニメイターの低賃金、過度な長期労働、不公正な請負関係、クリエイターの知的財産権が守られない契約などを指摘し、「搾取されやすい環境がつくり出されている」と結論付けたとしている。

ただ反面、観光と結び付いた形で、アニメに関してはインバウンド観光客の聖地巡礼行動も増加している。『スラムダンク』の聖地、江ノ電の鎌倉高校前駅に中国人、台湾人が殺到していることはよく知られているが、近年では『ぼっち・ざ・ろっく！』が米国でも人気を博し、主な舞台になっている下北沢に巡礼客が散見できる。他の作品でも日本人の巡礼客のみならず外国人の姿をよく見かけるようになった。

このように日本の文化コンテンツはジャンルをミックスすることで波及の幅を広げていく。つまりアニメはアニメにとどまらないということなのだ。この点が日本の文化コンテンツの特徴であり、また比較優位性なのだ。偶然の所産ということもあるが、この点を理解して戦略構築を組み立てることも今後は必要なことに思われる。

なお直近のアニメ産業市場は、日本動画協会の『アニメ産業レポート2024』によると、年々増加傾向にあったが、2023年の市場規模は3兆3465億円に達したとされる。これは史上最高額であり、このうち海外での売り上げは50%を超え、1兆7222億円で、今後はさらに市場の拡大が期待されるだろう。

マンガの位置付け

日本のマンガは諸説あるが、鳥羽僧正が始祖であると巷間伝えられている。平安時代末から鎌倉時代初期の『鳥獣戯画』に始まり、江戸時代の『北斎漫画』を経るといわれるほどの長い歴史を持っている。アニメも基本的にはマンガの発展形と捉えてもいいだろう。

幕末から明治にかけては、来日したチャールズ・ワーグマン、ジョルジュ・ビゴーなどによって持ち込まれた西洋風の風刺画であるポンチ絵が一世を風靡し、やがて北澤楽天が『東京パック』を発行して、マンガをポンチ絵から独立させる。

その後、岡本一平らが日本最初のマンガ家団体である「東京漫画会」を設立し、マンガは大衆娯楽へと転換していく。1923年に発表された織田小星作、樺島勝一画の『正チャンの冒険』あたりから、現在のマンガの要素であるコマワリ、フキダシなどの手法が定着し、近藤日出造、横山隆一、杉浦幸雄などの若手が活躍した。１９４０年代には『少年倶楽部』などの少年雑誌に連載された田河水泡『のらくろ』、阪本牙城『タンク・タンクロー』、島田啓三『冒険ダン吉』などが人気を集めた。

そうした歴史の延長線上に、戦後になって手塚治虫が登場した。その手塚が１９５３年、新築間もないアパートに転居してくるところから、「トキワ荘」の伝説は始まる。手塚本人は約1年で転居するが、寺田ヒロオ、藤子不二雄、石ノ森章太郎、赤塚不二夫などの新人マンガ家が住んだことで知られている。

そしてトキワ荘には短期間であったが、女性マンガ家も居住していた。水野英子である。竹宮惠子、萩尾望都をはじめとする24年組の女性マンガ家たちは、少女時代に水野の作品を読み、大きな影響を受けたとされる。24年組というのは、萩尾望都、大嶋弓子、竹宮惠子らをはじめとする、昭和24年前後に生まれ、１９７０年代に少女マンガを革新したマンガ家たちの通称である

こちらのほうは竹宮惠子、萩尾望都が住んでいた「大泉サロン」がひとつの拠点になる戦後間もない時代のマンガの黎明期だ。そこから多様性を持つさまざまな作品が世の中に送り届けられることになる。日本を代表する文化コンテンツの新たな歴史が始まっていくといえようか。

さて日本のマンガにはさまざまなジャンルがある。まず野球マンガを取り上げよう。野球をスポーツとして定着させてきた背景にはメディアとコンテンツの力も見逃せない。新

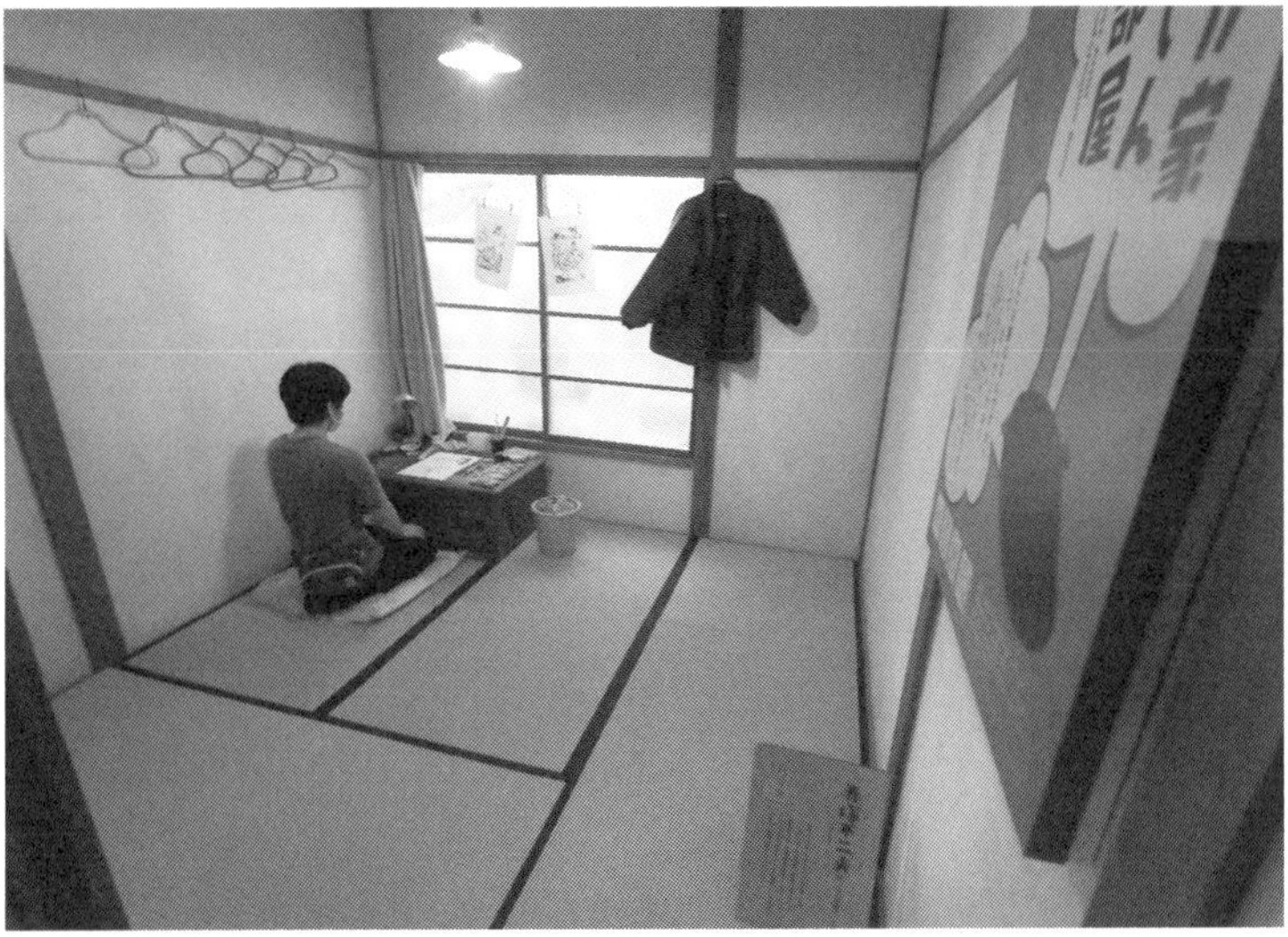

「トキワ荘」を再現した豊島区の「トキワ荘マンガミュージアム」　写真：時事

聞社主導の高校野球、都市対抗野球、そしてプロ野球という観点もあるが、野球そのものを題材とした文化コンテンツが増えることによって、野球の裾野が広がってきた点も重要だ。もちろん映画化やテレビドラマ化もされてきたが、ここで注目するのはマンガ大国を自認する日本の野球マンガだ。米沢嘉博『戦後野球マンガ史 手塚治虫のいない風景』（２００２年、平凡社）や夏目房之介『消えた魔球 熱血スポーツ漫画はいかにして燃えつきたか』（１９９１年、双葉社）が示すように、この野球マンガも日本独自の文化だ。そしてこの野球マンガが映画化、アニメ化されて、さらに幅広い層に野球に対する理解や共感を喚起してきたことは否定できない。

　米国で野球マンガがあまり見られない

理由としては幾つか挙げられる。一応、最低限のスポーツコミックはあるようだが、やはり米国では善悪がはっきりしているものが好まれるので、ヒーローものでもSF、宇宙、ファンタジー、ホラーなどのジャンルのほうが人気がある。とくにマーベルは映画化もよく行われるので、アメリカンコミックの代表的なものとして日本でも認知されている。

またスポーツを観戦する層と、コミックを購読する層が一致していないという指摘もある。日本では幅広い層でマンガが読まれているが、米国ではもっと細分化されているのかもしれないという推測をする向きもあるようだ。しかし日本のスポーツマンガ、『ハイキュー』とか『黒子のバスケ』などは英訳されているし、野球マンガではあだち充の幾つかの作品も同様だ。ただ『ポケモン』や『ドラゴンボール』のようなダイナミックな海外展開はしていないのが現実だ。

『巨人の星』から始まって『メジャー』に至るまで、確かに高校野球を経てプロ入りするという定番の設定も多いが、それ以外にも『タッチ』や『青空エール』に見られるようにあくまでも高校野球そのものが題材になっている作品も少なくない。つまり日本の野球マンガの特徴のひとつは、同じ野球を扱っていても、その物語の設定の多様性にある。

また日本のグルメマンガは一般的にはシェフ、料理人対決や飲食店経営、レシピなどのテーマが多いが、筆者の記憶に残る作品としては1970年代の『包丁人味平』が挙げられる。それ以前にも料理をテーマにした作品があったが、『包丁人味平』はそれ以降、本格的なムーブメントを創っていく上でのひとつの定番になった。

その後、1983年に連載が始まり、日本にグルメブームを巻き起こした『美味しんぼ』は日本を代表するグルメマンガといってもいいだろう。この作品の筋となるのが、主人公の山岡士郎の「究極」と、ライバルであり実父である海原雄山の「至高」との対決だ。そして同時期に『クッキングパパ』『ザ・シェフ』と続く。

現在ではもちろんグルメマンガは数多あるが、代表的なのは『孤独のグルメ』『深夜食堂』だろうか。両作品とも映像化が成功し、海外での注目も集めた。このようにグルメマンガというジャンルも確立しており、日本のマンガの扱うテーマの幅広さを示している。マンガからアニメへ、マンガから実写映像への展開も日本の文化コンテンツの特徴であることにも留意すべきだろう。メディアミックス、クロスメディアという戦略である。ときにはＩＰコンテンツという呼称も使われるが、米国ではメディアコンバージェンス、トランスメディアストーリーテリングという概念がこれに近いかもしれない。

文化コンテンツの主な要素としてはキャラクター、ストーリーテリングがある。近年では拡張の順番もゲームからアニメ、アニメからノベライズというように変化も見られるが、従来的には小説やマンガが原作になり、そこから他コンテンツへの展開がなされる形が一般的で、1980年代の角川書店に見られるメディアミックスが代表的な事例になるだろう。小説、実写映像、音楽（主演女優による歌唱）、マーチャンダイジングへと展開していくのが、いわゆる「角川メディアミックス戦略」だった。

しかしアナログからデジタルへの転換がなされるようになって、戦略も様変わりしてきたといえるだろう。ただ、今後も日本ではこのようなメディアミックス戦略が文化コンテンツの軸になっていくことは大きくは変わらないように思う。

映画、ドラマの逆襲

2024年9月15日（現地時間）、米国テレビ界最高の栄誉とされる第76回エミー賞の授賞式がロサンゼルスで開催され、『SHOGUN 将軍』が作品賞を受賞した。また真田広之が主演男優賞（ドラマ部門）を受賞した。真田は同部門初ノミネートにして、日本人初受賞という歴史的快挙を成し遂げた。同作品は歴代最多の18部門の受賞を果たし、日本語の台詞が大半にもかかわらず、歴史的な快挙となった。その後もゴールデングローブ賞、クリティクス・チョイス・アワード（放送映画批評家協会賞）などでも主要部門で受賞したのも記憶に新しいところだ。

エミー賞受賞のポイントは①日本の美の表現、②米国の視聴形態の変化、③米国の日本文化への関心の深化などが挙げられる。ここしばらくはグローバル市場においてこの分野では韓国に押されていた観があったが、『SHOGUN 将軍』以外にも注目される日本作品は多い。

2021年、村上春樹原作、濱口竜介監督『ドライブ・マイ・カー』がカンヌ国際映画祭で脚本賞に加え3つの独立賞、2022年のアカデミー賞では国際長編映画賞に輝き、

2024年の第76回エミー賞で『SHOGUN 将軍』が作品賞を含む歴代最多の18冠に輝いた。真田広之は日本人初の主演男優賞受賞を果たした　写真：AFP＝時事

2023年にはヴィム・ヴェンダース監督の『PERFECT DAYS』で主演の役所広司がカンヌ国際映画祭の最優秀男優賞を受賞した。

2024年2月29日、Web版『ハンギョレ新聞』でも以下の記事がある。どちらかというと反日色が強いとされる同紙だが、「昨年カンヌ国際映画祭で脚本賞を受賞し、韓国でも50万人の観客を集めた是枝裕和監督の『怪物』、ベネチア国際映画祭で好評を博した濱口竜介監督の『悪は存在しない』など、国際的に注目される芸術映画が増えている上、大衆映画『ゴジラ－1.0』は北米で興行1位を記録し、日本の実写映画の最高興行記録を破った」としている。

韓国にも一定の危機感があるようで、次世代の監督が育たないことを記事の中で嘆いている。つまり一見、劣勢に見えた日本の映画、ドラマも海外でも多く視聴されるようになってきている。

『SHOGUN 将軍』は日本ではDisney+で配信されているが、映画『シティーハンター』、ドラマ『地面師たち』などはNetflixで好成績を挙げている。ようやく海外のプラットフォームの活用方法を見出してきたといえるだろう。

『SHOGUN 将軍』受賞時に真田広之は日本語メッセージで重要な点を示唆している。「これまで時代劇を継承して支えてきてくださった全ての方々、そして監督や諸先生方に心より御礼申し上げます。あなた方から受け継いだ情熱と夢は、海を渡り国境を越えました」(https://eiga.com/news/20240917/11/)。つまり時代劇に限らず、日本の映画、ドラマも長い時間をかけて、海外に認知されてきたということだ。

日本の文化コンテンツは膨大な蓄積があり、多様性に富んでいる。故に韓国のようなジャンルを特化させた選択と集中戦略が取りにくい。基本的に海外での認知、浸透には時間がかかることは必然だったのかもしれない。逆にそれが一過性のブームにとどまらない点でもあるのだろう。

今後も日本の文化コンテンツが海外で注目されることになれば、さらに海外でのヒット作品も増え、映画、ドラマの分野においても海外市場での日本の文化コンテンツの重要度が増すに違いない。またかつて文化コンテンツの戦略としては、流通を抑えるのが重要だと思われてきた。つまり言い換えるとグローバルなプラットフォームを構築するということだが、他社のプラットフォームを上手に利用するという方策も検討しても良いのかもしれない。

こと実写やアニメなどの映像作品は制作予算が高額になることからすれば、国内市場に対しての製作委員会方式よりも、制作予算をグローバルに確保するためにはプラットフォーム確保に拘泥せずとも良いのではないだろうか。確かにプラットフォームを確保すれば市場での支配力は増すし、流通面においても利益を挙げることができるが、デジタル時代はより効率的にという点に着目すべきなのかもしれない。

せっかく構築したプラットフォームも都度都度の技術革新により、急速に陳腐化する恐れがあるようにも思える。いつの間にか生成ＡＩが人々の生活に浸透し、当然、この領域もさらに改良がなされるに違いない。アナログの時代に比べてデジタルの時代では技術革新の速度が大きく違うことにも十分、留意する必要があるだろう。

Ｊ－ＰＯＰの海外認知

昨今のＪ－ＰＯＰの復権は、アニメが各国のプラットフォームで配信されることで、その作品のタイアップ楽曲を聴くことができる点を有効活用したことによって生じた現象のひとつともいえる。またYouTubeなどの動画共有サイトやTikTokなどのショート動画を活用したヒット事例も見られる。

imase「NIGHT DANCER」や藤井風「死ぬのがいいわ」などが挙げられる。このように配信システムの普及に依拠している点が大きい。かつて数多くのミュージシャンが米国市場に挑戦し、ほとんどが厚い壁に阻まれてきた。ましてや日本の音楽業界は内需主導で、各段、海外市場を必要以上に意識することもなかった。つまり音楽業界全体では海外市場への展開にはそれほど積極的ではなかった。

ただ米国市場に挑戦したアーティストは大抵、英語で歌唱表現をし、日本語で表現することは稀だった。いわゆる米国市場で受け入れられやすい形を模索したといったところだろう。2000年代に入って韓国が日本市場、そして米国市場へと段階的に打って出るようになり、日本の音楽産業は後塵を拝したように見えた。

しかし近年、動画共有サイトなどで1980年代に流行った日本のシティポップが動画再生回数を重ね、それがストリーミング視聴され、一大ブームを巻き起こした。契機になったのは松原みきの「真夜中のドア〜stay with me」といわれ、その後、竹内まりやの「プラスティック・ラブ」に飛び火し、山下達郎、角松敏生などのミュージシャンも注目されるようになった。

すでに40年以上前の音源だが、当時のシティポップが持つコードの多用による複雑な楽曲構成、J－POPの特徴である転調が、時代の先取りをしていたのではないかというSNSでのコメントが多く、そこにさまざまな人々が同調してのブームだったが、それが現在のJ－POPの復権に寄与していたと推測される。フォークとロックの日本版ハイブリッドにより誕生したニューミュージックの中でも洋楽色が強く、都会的な洗練がなされているることで、ひとつのカテゴリーが形成された。

筆者は最近、なぜか唐突に安部恭弘を聴いている。かつて札幌のFM局にいた頃にお会いしたことがあった。理知的な人だった記憶がある。稲垣潤一が唄ってヒットした「ロング・バージョン」、佐々木幸男の名曲「セプテンバー・バレンタイン」も彼の作曲だ。アイドルも含め数々の楽曲を提供していた。数年前からシティポップが流行っているという。ましてやYouTubeなどを通じて海外からの反応も多いというのだから不思議なものだ。DJがクラブでシティポップの楽曲を使い始めたところにも端を発していると聞いたこともある。

さてシティポップを、当時はシティポップスと呼んでいたと記憶するが、ここではシティポップと統一して呼ぶことにする。日本のニューミュージックの中でフォーク寄りではなく、いわゆるポップ寄りといえばいいのだろうか。都会的で洗練された世界観を提示した一連のポップスである。1973年にリリースされた荒井由実（のちの松任谷由実）「ひこうき雲」のバックで演奏していたティン・パン・アレーがシティポップの道を開いたともいわれているが、都会的で洗練されたポップスを示す点が強調されていた。米国でいえばビリー・ジョエル、J.D.サウザー、クリストファー・クロスなどのAOR（Album-Oriented RockまたはAdult-Oriented Rock）のような存在なのかもしれない。

松任谷由実、ハイ・ファイ・セット、ブレッド&バター、大瀧詠一、山下達郎、吉田美奈子、大貫妙子、尾崎亜美、竹内まりや、そして大ブレイクを果たした俳優の寺尾聰などが代表的なミュージシャンだろうか。他にも角松敏生、稲垣潤一、杉真理、山本達彦などがいた。今はなき東芝ＥＭＩ、ＲＣＡビクター、アルファのミュージシャンが多かったように思う。もちろん安部恭弘も東芝ＥＭＩだった。彼の歌詞は松本隆、康珍化、売野雅勇など当代きっての作詞家が書いていた。安部恭弘は１９８２年にソロデビュー、寺尾聰のヒットがソロへの決意をした原因とされている。

ちょうど１９８０年代前半の日本はバブルに向けての助走期間だった。しかし１９８５年に尾崎豊の「卒業」、１９８６年にBOØWYの「わがままジュリエット」がヒット、ロックの時代に向かっていく。まさに安部恭弘のデビューのタイミングはシティポップ全盛の後半に当たっていたという気がしないでもない。しかし彼の楽曲には当時の時代が封じ込められてもいる。具体的な地名こそ登場しないが、東京生まれの彼の楽曲には、抽象的な当時の東京イメージが付加されていた。松任谷由実は東京の具体的な場所を数多く描いたが、それ以外のシティポップは抽象的なイメージとしての都市を描き、それを聴く人々はそれを東京とイメージしてきたのではないだろうか。

そこで思い出すのは、マンガ家、イラストレーターのわたせせいぞうだ。彼は１９８３年に『モーニング』で連載された『ハートカクテル』で一世を風靡した。この作品は１９８６年にテレビアニメ化もされた。彼の作品の特徴はグラフィックデザインタッチのレイアウト、色彩も鮮やかなカラー原稿などにあり、影やグラデーションの表現が美しかった。

まさに独自性のある作品を描いたマンガ家、イラストレーターである。ただし『ハートカクテル』の舞台は、米国の町並み、どちらかといえばウエストコーストのように見える。まるで大瀧詠一『A LONG VACATION』や山下達郎『FOR YOU』のアルバムジャケットのようなものだろう。

しかし『ハートカクテル』の登場人物の名前は日本人名だった。物語には架空のバー「ジェシィの店」が頻繁に登場し、当時の若者の間でバーはお洒落な都市装置だったことがわかる。しかし読み取りようによっては『ハートカクテル』も、東京の断片を無国籍風にデフォルメしたともいえなくもない。登場人物は当時、流行したトラッドファッションに身を包んでいることが多く、バブル時代の東京を想起させてくれる。

シティポップはイメージとしての東京を描き、それは地方の人々にバブル前の華やかな東京に対する憧れを涵養《かんよう》したともいえる。しかし現在、シティポップを楽しむ若い人々は歌詞よりもセンスの良いメロディの再評価をしているようにも思える。一方、筆者のような年代では、歌詞でいえば生活や風俗という側面からの、当時の懐かしい物語を楽しんでいるのかもしれない。

自由に都市を描く、これがシティポップの真骨頂なのだろう。そして安部恭弘の楽曲には当時の東京の風景が封じ込められているように思える。繰り返しになるがバブル前の、無秩序に活気があった東京だ。六本木では深夜零時にタクシーが捕まらなかった時代だ。今振り返れば幻の東京にも思える。土地は狂乱の高騰を見せ、地方にもその余波はあったが、それは東京とは比肩できない程度の恩恵だった。

ホームページをチェックすると彼は現在でもマイペースで音楽活動を続けているようだ。タイミングが合えば、一度、彼のライブにも訪れてみたいものである。

２０２４年5月、米国グラミー賞公式サイトは「２０２４年注目のネオ・Ｊ－ＰＯＰアーティスト10選」と題し、Ado、新しい学校のリーダーズ、Creepy Nuts、藤井風、羊文学、米津玄師、King Gnu、MAISONdes、Vaundy、YOASOBIが挙げられている。彼らはボーカロイド作品からアニメとのタイアップ楽曲、ジャンルを超えた作品などで海外からも注目されている。

また世界でヒットしている日本の楽曲をランキング化したビルボード「Global Japan Songs Excl. Japan」では、２０２４年の上半期はCreepy Nutsの「Bling-Bang-Bang-Born」が首位に輝いた。「Bling-Bang-Bang-Born」は、アニメ『マッシュル―MASHLE― 神覚者候補選抜試験編』のオープニングテーマに起用された楽曲だ。「billboard Japan」（２０２４年６月７日）によれば、「アニメーションに合わせたダンスチャレンジが国内外で注目を集め、２０２４年1月18日公開チャートで8位に初登場した。翌週の25日公開チャートでは、自身初の1位を獲得。さらに3月21日公開チャートでは、オーディオとビデオの合算ストリーミング数がグローバル・ジャパン・ソングス史上最多となる１７７７万回を記録した。19週連続で首位の座をキープし、断トツのポイント数で堂々の首位を獲得した」という。

Creepy NutsのDJ松永さん（左）とR-指定さん（右）は2024年7月、MLBのドジャース対レッドソックス戦に登場。試合前には「Bling-Bang-Bang-Born」を披露した　写真：時事

　また遡る2023年5月には世界最大手のストリーミングサービスであるSpotifyが、日本のポップカルチャーや音楽を新たなコンセプトで世界に提供するプレイリスト「Gacha Pop」を公開した。YOASOBI、Ado、imase、新しい学校のリーダーズ、米津玄師、藤井風などに注目し、日本で定着したガチャにかけて、J－POPに代わる造語を作った。

　やはりこの背景には、①インターネットの普及により、サブスク、動画共有サイトの利用によって海外との壁が消滅したこと。例えばYouTubeでの米津玄師の代表曲である「Lemon」は全世界で8億回以上の再生、そして「KICK

BACK」がアメリカレコード協会（RIAA）によりゴールド認定を受けたことが挙げられる。日本語詞の楽曲がゴールド認定を受けたのは史上初の快挙だ。②J－POPの特徴が欧米にはないもの、コード進行の複雑さ、転調の効果的使用、メロディ重視、繊細な歌詞。③ミュージシャンの単独海外公演が当たり前になってきた。2025年のAdoは世界33カ所だという。④かつての日本人の大半が英語も理解できないのに、洋楽に馴れ親しんだことへの反動現象。⑤他領域の文化コンテンツとのマルチメディア的な形態での流布、拡散がなされている点が挙げられるだろう。

つまり外国人は日本のJ－POPを宝の山だと解釈し、日本人よりサブスク、動画共有サイトを積極的に探している。筆者が前職にあった1980、'90年代には何人、何組かのミュージシャンが果敢に米国市場に打って出たが、ほとんどは結果に結び付けることができなかった。もちろんノウハウの蓄積もなかったが、J－POPが魅力的なものだということを認識してはくれなかった。

今や当時とは隔世の観がある。1980、'90年代にはまだCDというパッケージが商品のすべてで、国内のマーケット戦略はテレビメディアとのタイアップが主流だった。インターネットの普及は流通のシステムを大きく変え、マーケット戦略もSNSや動画共有サイトが軸になった。それに伴い、米国や日本のランキングチャートも大きく変わり、随分と細分化されてきた。ひとつの指標で判断するのではなく、複合的に判断するといった形への変化だ。

またミュージシャンやクリエイターも単にCDを制作するというアプローチではなく、MVを含め、サブスク主体の作品の公開というバリエーションを視野に入れている。つまりさまざまな角度から市場も、作品公開方法も多様化してきている。まさにJ－POPにとっては水を得た魚のような状況にあると期待してもいい。

J－POPは確かに近年、K－POPに押されていたように見えたが、欧米のユーザーは多様性に富むJ－POPの独自性にようやく気が付いたといったところだろうか。最近では欧米で宇多田ヒカルの再評価も始まったと聞く。J－POPはこれまで膨大な作品を作り続けてきた。つまり日本はポップミュージックの宝庫なのだ。新たな作品を制作し、公開していくことと並行してアーカイブ資源の再活用を国内外で試みていくことも必要なことに違いない。

サザンオールスターズやスピッツなどがSpotifyの上位にランキングしていることなど、これも驚きの事実であるだろう。

小説、日本語による「日本化現象」

実はあまり目立たないが、欧米で静かなブームになっている日本の文化コンテンツがある。それは小説である。英国で売れた翻訳小説の4分の1が日本の小説だという。村上春樹はもとより、多和田葉子、川上未映子、柳美里、村田沙耶香、川口俊和などが欧米で人気があるという。もちろん太宰治、川端康成、安部公房などの大御所、川上弘美、中村文則、東野圭吾も一定の人気があるらしい。

さてＪＡＰＡＮプライムによれば、欧米の若者の中では会話で「日本語」を使うケースが増えているという。欧米のメディアでも「日本化現象」として取り上げられている。これも日本の文化コンテンツの影響だといわれている。同時に日本語習得への意欲も過熱しており、単語検索ツールの「WordTips」の調査によれば、英語圏、アジア圏では1位になっている国も少なくないという。２０２１年の「Duolingo」では米国、英国で若者の日本語学習者が増えているという。

文化コンテンツの中でもアニメ、マンガの影響を指摘している。日本語は世界の言語の中で最も習得が難しいとされているのに、先述のような現象が生じている。

この現象は中国でも明確だ。深圳大学の王尚（２０２１年、『改革開放後の中国語に入った日系外来語の研究』）によれば、「実は、振り返ってみれば、このような日本語の中国流入は前後2回のピークを迎えていたと思われている（夏暁丽２００６、秦暁晖２０１４）。1回目は、19世紀末期から20世紀初頭にかけた時期（近代前期）であり、2回目は中国の『改革開放』開始後、すなわち１９７８年から始まった時期であるが、その余波が現在でも緩やかに続いている」。つまり近年では中国でも日本の若者言葉などが浸透しているということだ。また英語圏をはじめとして、各国での日本語学習熱も高まっている。

食文化の浸透もその現象に拍車をかけていることは間違いない。かつて「ジャパネスク」という言葉が一般化したことがあるが、今回の日本化現象はそれとは別のものだ。日本の文化コンテンツのみならず、その背景にある日本の文化の魅力に関心を持つ人々が増え、それがインバウンド観光客の増加に結び付いているし、定住者の増加にもつながっているのだろう。

かつて日本化といえば、バブル崩壊以降に日本に定着した「低所得・低物価・低金利・低成長」という「日本病」を指す言葉だった。日本化現象は、リーマンショックなどの経済危機の際に、日本のバブル崩壊と似た状況が世界中で発生したことで顕著になった。つまり「失われた30年間」と揶揄《やゆ》されるようなネガティブな日本の捉え方がなされていた。

しかし、今回の「日本化」は日本からすれば極めてポジティブな表現になった。経済面ではなく、文化面でのムーブメントだ。例えば日本の若者言語とスラングは、国内のみならず世界的にも影響を与えている。とくに文化コンテンツや動画共有サイト、SNSの普及により、これら独特の若者言語やスラングが国境を超えて共有され、グローバルな若者文化の一部となっている。

とくに日本発の文化コンテンツが世界中で人気を博する中で、それらの作品に登場するキャラクターが使用する言葉やフレーズはファンの間で広く使われるようになった。『ドラゴンボール』『ポケモン』『ONE PIECE』などが代表的なものだ。この現象は、言語の伝播だけでなく、文化的な価値観や感情表現の共有にも貢献している。

若者言語やスラングの使用は、所属するコミュニティ内でのアイデンティティを確立する手段として機能し、また同時に異文化間の相互理解促進の役割も果たしている。日本の若者文化は、その独自性と革新性で世界的な影響力を持つまでに成長した。オタク文化から始まり、ギャル文化、Ｊ－ＰＯＰなどへも拡張し、動画共有サイト、ＳＮＳとデジタルメディアの利用などによる文化コンテンツの海外への普及により、若者言語とスラングのグローバルな影響も含めて、日本の若者文化は広範な領域でその存在感を示している。

これらの文化現象は、単に若者たちの間で流行するという現象を超え、グローバルな文化交流の促進、新たな価値観の形成、そして社会的・経済的影響を及ぼす力を持っている。これも「日本化現象」を創出していることにつながっている。日本発の若者文化は、世界中の同世代たちとの共感を生み出し、グローバルなコミュニティを形成する契機となっている。

盆踊りと君が代

最近、筆者が興味深く思っているのはこの盆踊りと君が代だ。とくにこのふたつには相関関係はないが、海外で注目されていることから紹介する。まず盆踊りは全国各地で実施されている夏の風物詩だ。しかし東京をはじめとした都市部での盆踊りは急速に変化を見せている。従来の伝統的なもの以外にも、「進化系」と称されるものが増えている。

例えばイヤフォン装着で無線ラジオに流れる音源に合わせて踊る「無音盆踊り」、ＤＪ

がかつてのディスコナンバーをプレイする「ＤＪ盆踊り」、池袋で実施されるダンスカンパニー「コンドルズ」によるフェス的な「にゅ〜盆踊り」、中野で実施されるTRFのヒット曲を中心した「EZ BON DANCE」などが挙げられる。

「にゅ〜盆踊り」では山本リンダの往年のヒット曲「どうにもとまらない」が定番になっており、愛知県一宮市の「一宮七夕まつり」、岐阜県美濃加茂市「おん祭MINOKAMO」などでは荻野目洋子の「ダンシング・ヒーロー」が定番だ。またこのように従来の盆踊りでは使われなかった選曲がなされることが多くなった。それによって若い世代が盆踊りに参加する姿が目立つようになり、「ダンス・ネイティブ」の世代が参加していると見て取れる。

また東京でいえば渋谷駅周辺では２０１７年にSHIBUYA109前・道玄坂・文化村通りを会場とした「渋谷盆踊り」がスタート。それ以来、住人や商店街、地元企業、買い物客、外国人旅行者らが一緒に楽しめるお祭りとして定着している。そして渋谷スクランブルスクエア展望施設「渋谷スカイ」で開催される「ROOFTOP盆踊り」や、渋谷キャストの「BON CAST.」、宮下公園の「SHIBUYA MIYASHITA PARK BON DANCE」など、再開発で新たに生まれた大型商業施設などでは、さまざまな盆踊り企画が増え始めている。

そして盆踊り文化の普及・振興活動を行う「一般社団法人日本盆踊り協会」は、２０２４年に江戸文化をテーマとした飲食店「食のHANAMICHI内藤新宿」にて『盆踊り居酒屋』企画をプレオープンするという展開にもなっている。もはや一大ムーブメントといっ

2015年10月、パリのヴォージュ広場で阿波踊りが披露された　写真：AFP＝時事

ても過言ではないだろう。そして老若男女のみならず、近年、目立つのは外国人の姿だ。

海外に視線を転じてみると、盆踊りが集中して行われているのは、日本人移民の多かったハワイ、カリフォルニア、ブラジルを中心に、南米はアルゼンチン、パラグアイにも広がっており、アジアではマレーシアが規模感からしても有名だ。マレーシアのジョホールバルの盆踊りは2日間で10万人以上が集まるとされ、他にもクアラルンプールやペナンなどで開催されている。ただ盆踊りには日本的な宗教観も内在するので、イスラム教を国教とするマレーシア政府は一定の危機感を覚えているとのことだ。

盆踊りに象徴される日本の伝統芸能への注目は、各地の祭事や踊りへも波及してきている。

徳島県発祥の日本の有名なお祭り「阿波踊り」は、インバウンド観光客のみならず、２０１９年には徳島市で海外の阿波踊り関係者を集めた「世界阿波おどりサミット」も開催され、２０１５年10月には、フランスのパリで初めて阿波踊りが開催された。「Japan Expo」でも阿波踊りはイベントの演目になっている。またブラジル、インドネシア、カナダ、米国、フランス、台湾でも阿波踊りが実施されているとのことだ。

米国のニューヨークでは、「ニューヨーク・タイムズ」紙が選ぶ「２０２３年に行くべき52カ所」で日本の岩手県盛岡市が2番目に紹介されたことから、観光客に街の魅力を広くＰＲしようと、２０２３年8月、ニューヨークで「盛岡さんさ踊り」のコンテストが開催された。このように日本の自治体が企画する事例もある。

いわゆる現代的な文化コンテンツと違う伝統文化的な領域でも、日本の文化コンテンツは海外に浸透し始めている。ただこの場合も幾つかの事例では複合ニッチ戦略（複数のニッチ市場でシェアを獲得する戦略）が生きていることには着目すべきだ。『刀剣乱舞』や『鬼滅の刃』などで海外のファンが刀剣や刃物に興味を持ち、大谷翔平のエンゼルス時代のホームランセレブレーションで兜、『SHOGUN 将軍』で甲冑などに興味を持った人々も多いのではないだろうか。

日本の国歌である「君が代」への近年の海外での注目も不思議な現象である。「君が代」自体は10世紀初頭の『古今和歌集』の「読人知らず」の和歌が初出となっているが、明治初頭に当時の宮内省雅楽課が旋律を付け直した。その後、国歌という扱いになった。しかし正式に国歌として法制化されたのは1999年のことである。

海外で大きく喧伝されたのは、2024年のパリオリンピックだ。柔道、体操、陸上、ブレイキンなどでの「君が代」が注目された。とくにブレイキンはヒップホップのような楽曲を使用するため、「君が代」は際立った存在感を示した。

それまでも他国の勇ましい曲調とは違う、静謐《せいひつ》な雰囲気の「君が代」が異彩を放っていることは注目されていたが、海外のSNSで話題になっていたのは、ほとんどの国歌が戦争や革命をテーマにしているのに対して、「君が代」は平和と長寿を象徴する歌であることだ。

もっとも「君が代」は本来的には天皇を謡っていたものとされるが、現在では広義に解釈される傾向にあり、主題は身近な人への愛情表現とされている。これも他の国との差別化に大きく寄与し始めているのだろう。かつてはその曲調ゆえに海外からはネガティブな反応も多かったが、日本のスポーツの隆盛とともに演奏される頻度も高まり、高評価につながっているのかもしれないし、海外からは日本の独自性が魅力的に映る現在のムーブメントに包含されていると見て取れる。

先述のように盆踊りは海外に浸透し、国内ではイノベーションを遂げ、「君が代」は差別化とともに、歌詞の意味が拡大解釈され、海外でもシンパシーを持たれるようにもなってきている。

日本の文化コンテンツの戦略

さて2013年から日本の経済産業省をはじめとして、「クールジャパン」の施策展開が活発化してきている。「クールジャパン」とは、本来的には日本独自のポップカルチャーを指していたが、国はコンテンツ産業や伝統文化などを海外に売り込む「クールジャパン戦略」として、日本のポップカルチャー方面を中心に文化産業の海外展開支援、輸出の拡大や人材育成、知的財産の保護などを図る官民一体の事業を試みている。

映像・音楽などの日本のコンテンツを世界に伝え普及させ、ファッションやアニメなどのコンテンツの海外市場の開拓のため、大型の商業施設の開発やM&Aなどを支援する官民ファンド「海外需要開拓支援機構（クールジャパン機構）」が、2013年に官民合わせて375億円の資金を集めて設立されている他、日本政策金融公庫でも海外展開を行う中小企業向けに従来優遇金利よりも低金利の融資制度を検討するなど、クールジャパン関連事業の海外展開を促す動きも本格化し始めている。

「クールジャパン」については、外務省「『ポップカルチャーの文化外交における活用』に関する報告」（2006年）では以下の定義を行っている。「ポップ・カルチャー」は、すなわち、「一般市民による日常の活動で成立している文化」で、「庶民が購い、生活の中で使いながら磨くことで成立した文化であって、これを通して日本人の感性や精神性など、等身大の日本を伝えることができる文化」を指す。具体的には、日本における近代文化、ゲーム・マンガ・アニメや、J－POP・アイドルなどのポップカルチャーを指す場合が多い。さらに、自動車・オートバイ・電気機器などの日本製品、現代の食文化・ファッション・現代アート・建築などを指す。また、日本の武士道に由来する武道、伝統的な日本料理・茶道・華道・日本舞踊などが対象となるだろう。

また「コンテンツの創造、保護及び活用の促進に関する法律（コンテンツ振興法）」（2004年）では、「この法律において『コンテンツ』とは、映画、音楽、演劇、文芸、写真、漫画、アニメーション、コンピュータゲームその他の文字、図形、色彩、音声、動作若しくは映像若しくはこれらを組み合わせたもの又はこれらに係る情報を電子計算機を介して提供するためのプログラム（電子計算機に対する指令であって、一の結果を得ることができるように組み合わせたものをいう。）であって、人間の創造的活動により生み出されるもののうち、教養又は娯楽の範囲に属するものをいう」と定義されている。

コンテンツへの注目は米国の国際政治学者ジョセフ・ナイが1990年に提唱した「ソフトパワー」という概念から始まったといえる。いわゆる軍事力や経済力に代表される「ハードパワー」への対抗が「ソフトパワー」であるのだが、そこに文化力が内包されるとされる。これはイギリスのブレア政権時でのクールブリタニア政策に反映された。クールブリタニアは文化を生み出す担い手やそれを広めるメディアなどを「クリエイティブ産業」と規定し、今後の雇用創出、外貨獲得、観光誘致を視野に入れ、クールブリタニアのブランド形成の最重要産業として育成しようとした。そしてコンテンツによって、イギリスから先端文化や人気を博するポップカルチャー、世界の将来を規定するような画期的な研究を発信し、世界にクールブリタニアのイメージを広めるという骨子だった。

そこに創造都市論への関心の高まりが相乗効果を生んだと捉えるべきだろう。米国生まれの社会学者リチャード・フロリダは、2002年に、現代経済の新しい担い手として、新しいアイデアや技術、コンテンツを創造する専門的職業従事者、「創造階級（Creative Class）」の登場と勃興に注目した。そして地域再生の鍵は、いかにして創造的な人材をその地域が誘引できるかに懸かっていると主張する。この議論には、高度情報化に伴う地理的制約の緩和を背景に、創造的な人材は、仕事が存在することを優先に活動拠点を定めるのではなく、自身が創造的に活動できる環境にプライオリティを置くという考え方があった。

一連の「クールジャパン」政策に関してはさまざまな意見もあるが、経団連は、ソフトパワーの発揮に向けたエンタテインメント・コンテンツ産業等の振興を目的として、クリエイティブエコノミー委員会を2022年6月1日に新設した。2023年には「Entertainment Contents ∞ 2023」という提言を発表、それによれば「この最も強みとする分野のひとつであるコンテンツでも、日本は今、深刻な危機に直面している。機会損失により韓国・中国の後塵を拝し、世界シェアは減少傾向にある」とし、2033年のあるべき将来像として、「世界における日本発コンテンツのプレゼンスを持続的に拡大する」

ことを目標に掲げている。そして１・クリエイターの挑戦を支援する、２・クリエイター等の育成体制を整備する、３・制作・発信・観光拠点を整備する、４・司令塔機能・官民連携の場を設置する、５・海外展開の新たな道を拓く、という5点が取り組むべき施策として挙げられている。

基本的に文化コンテンツは民間中心にここまでの形にしてきた傾向が強いことから、経団連が乗り出すこと自体は悪くはないだろう。４は韓国コンテンツ振興院を意識してのことだと思われ、官のほうの一元化が必要だと説いているのだろう。

また「クールジャパン」も２０２４年に内閣府知的財産戦略本部を中心に各省庁連携で、「新たなクールジャパン戦略」を打ち出した。そこでは具体的にはクールジャパン関連産業を日本の基幹産業として位置付け、海外展開を２０３３年までに50兆円に拡大するとともに、各国・地域における「日本が大好き」という日本ファンの割合を２０３３年までに10ポイント上昇させることを目指すとしており、かつクリエイター育成、海外への情報発信が謳われているが、「アニメ／マンガ」、「食」、「インバウンド」といった分野は、他の分野と組み合わせることによって、大きな相乗効果を生み出すことが期待できる。「アニメ／マンガ」や「食」を入口・起点として、発信・プロモーションを行うなど、これらの分野を中心に、分野横断・分野連携の取り組みを拡大する点は新しい試みだろう。

筆者としては推移をウォッチしていきたい。果たして日本の未来に相応しい文化コンテンツを巡る仕組みはいかなるものなのだろう。当然、さらなる議論を重ねていくことも必要だと思われる。

クリエイティブ産業の分類

「はじめに」でも触れた著書の中で、福原秀己は、この文化GDPという概念に触れ、以下のように述べている。「『文化GDP』の算出の基礎となる文化・創造産業の捉え方としては、オーストラリアの経済学者、デイヴィッド・スロスビー氏の同心円モデル（2001年）、英国国立科学・技術・芸術基金による拡張同心円モデル（2006年）、要素一覧型のユネスコ（国際連合教育科学文化機関）モデル（2009年）などがある。日本では要素一覧型であるユネスコモデルに倣《なら》って、文化GDPを暫定《ざんてい》的に算出する作業が始まった」。

図4はよく知られたデイヴィッド・スロスビーの文化コンテンツ産業の同心円モデルである。もちろんスロスビーの同心円モデル以外にも、文化コンテンツ産業の分類には幾つもある。参考までに触れていこう。このコンテンツ産業とはいわゆる国の法律にも「コンテンツの創造、保護及び活用の促進に関する法律」というものが存在するので、文化コンテンツ産業という呼称を本書では使用していくことにする。ちなみにその法律には、第2条で、『「コンテンツ」とは、映画、音楽、演劇、文芸、写真、漫画、アニメーション、コンピューターゲームその他の文字、図形、色彩、音声、動作もしくは映像もしくはこれらを組み合わせたものまたはこれらに係る情報を、電子計算機を介して提供するためのプログラ

［図4］　スロスビーによる同心円モデル

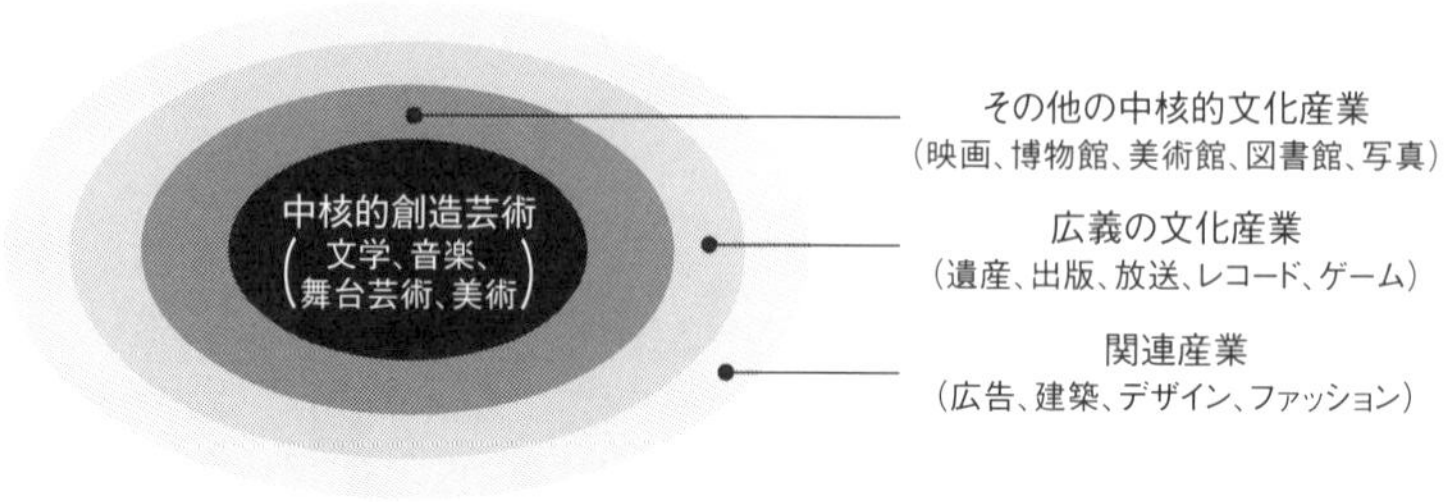

出所：経済産業省　2022年3月　文化資本経営促進に関する調査研究事業成果報告書（David Throsby「The concentric circles model of the cultural industries」をもとに一般社団法人芸術と創造作成）

ラムであって、人間の創造的活動により生み出されるもののうち、教養または娯楽の範囲に属するものをいう」としている。

さらに通常、日本ではこれらのコンテンツを扱う産業を、コンテンツ産業と呼んでいる。海外ではクリエイティブ産業、それを日本語に直訳した創造産業という呼び方も使われるが、本書では国の法律にも「コンテンツの創造、保護及び活用の促進に関する法律」を前提としつつも、スポーツ、食文化、観光などの関連産業も含めていくために、敢えて文化コンテンツ産業という呼称を使用していく。なお、この法律ではデジタルコンテンツの保護や普及を前提に策定されており、例えばコンピュータプログラムに対して「電子計算機に対する指令であって、一の結果を得ることができるように組み合わせたものをいう」という補足がなされている。しかしながらコンテンツはデジタルだけでなく、アナログコンテンツ（例えばライブ、演劇などを生で見る、キャラクターグッズなど）も含まれる。つまり本書でコンテンツとするのは前掲したようなエンタテインメント要素を持つ創作物全般ということになる。

この領域を扱った代表的な研究に前掲のリチャード・フロリダ著『クリエイティブ資本論 新たな経済階級の台頭』（2008年、ダイヤモンド社）がある。2002年に米国で上梓されたこの書籍は「クリエイティブ・クラス」というこれからの時代に不可欠とされる階級を新たに設定したところに世界中が注目した。彼はアメリカ労働局の職業雇用調査による職業分類に依拠して、①クリエイティブ・クラス－スーパークリエイティブコア、②クリエイティブ・クラス－クリエイティブプロフェッショナル、③ワーキング・クラス、④サービス・クラス、⑤農業、という職業に大きく分けている。

ここでいう①はコンピュータおよび数学に関連する職業、建築およびエンジニアリングに関連する職業、生命科学、物理学、社会科学に関連する職業、教育、訓練、図書館に関連する職業、芸術、デザイン、エンタテインメント、スポーツ、メディアに関連する職業、②はマネジメントに関連する職業、業務サービスおよび金融サービスに関連する職業、法律に関連する職業、医療に関連する職業、高額品のセールスおよび営業管理に関連する職業とフロリダは分類している。

いわゆるクリエイティブ産業ということになる。日本固有のコンテンツ産業よりは広範囲に定義付けられている。イギリスのクリエイティブ産業の範囲は、①広告、②建築、③アートと骨董、④工芸、⑤デザイン、⑥デザイナーファッション、⑦フィルムとビデオ、⑧インタラクティブ・レジャー・ソフトウェア（コンピュータ、ゲームなど）、⑨音楽、⑩舞台芸術、⑪出版、⑫ソフトウェア、⑬ＴＶとラジオの13分野だ。日本では吉本光宏（２００９年）、東京都（２０１０年）、野村総合研究所（２０１３年）などの定義もあるが、やはりクリエイティブ産業とすると相当幅広い領域を指し示すことになる。

ただ本書で扱っているのは、このクリエイティブ産業を核としたスポーツ、観光、食文化などを含めた広義の文化コンテンツ産業ということになる。

第3章

日本食の海外展開

急速に増える海外での日本食店

ファストフードは日本においては、江戸時代に屋台で提供していたそば、うどん、天ぷら、寿司、おでん、うなぎ、串焼きなどを源流にする。すなわち手軽に食べられるものであった。第二次世界大戦以降、米国から伝来したハンバーガーやチキンが定着、そして牛丼、ラーメン、カレーライス、とんかつ、お好み焼き、たこ焼き、たい焼き、菓子パン、ホットケーキ、おにぎり、弁当など近代になって普及したものを包括する。

現在、インバウンド観光客の急増により、B級グルメを主体とした日本食が注目されている。海外での日本食店の増加（図5）が見られる。YouTubeでもインバウンド観光客のファストフード体験映像が数多く見られ、また海外に波及するコンテンツ作品の中にさまざまな日本食が描かれている点に注目すべきだろう。

前者でいえば吉野家、CoCo壱番屋、丸亀製麺、一風堂、おむすび権米衛などの海外展開が加速度を増しており、後者でいえば米国でたい焼きが知られるようになったのはアニメ『Kanon』からだという。実際には他の作品にもたい焼きは登場する（『東京リベンジャーズ』など）ことが極めて重要な要素だ。また先述したように、同時にSNS、動画共有サイトにはこの類のファストフードが近年、頻繁に登場するようにもなった。

［図5］　海外における日本食レストランの概数

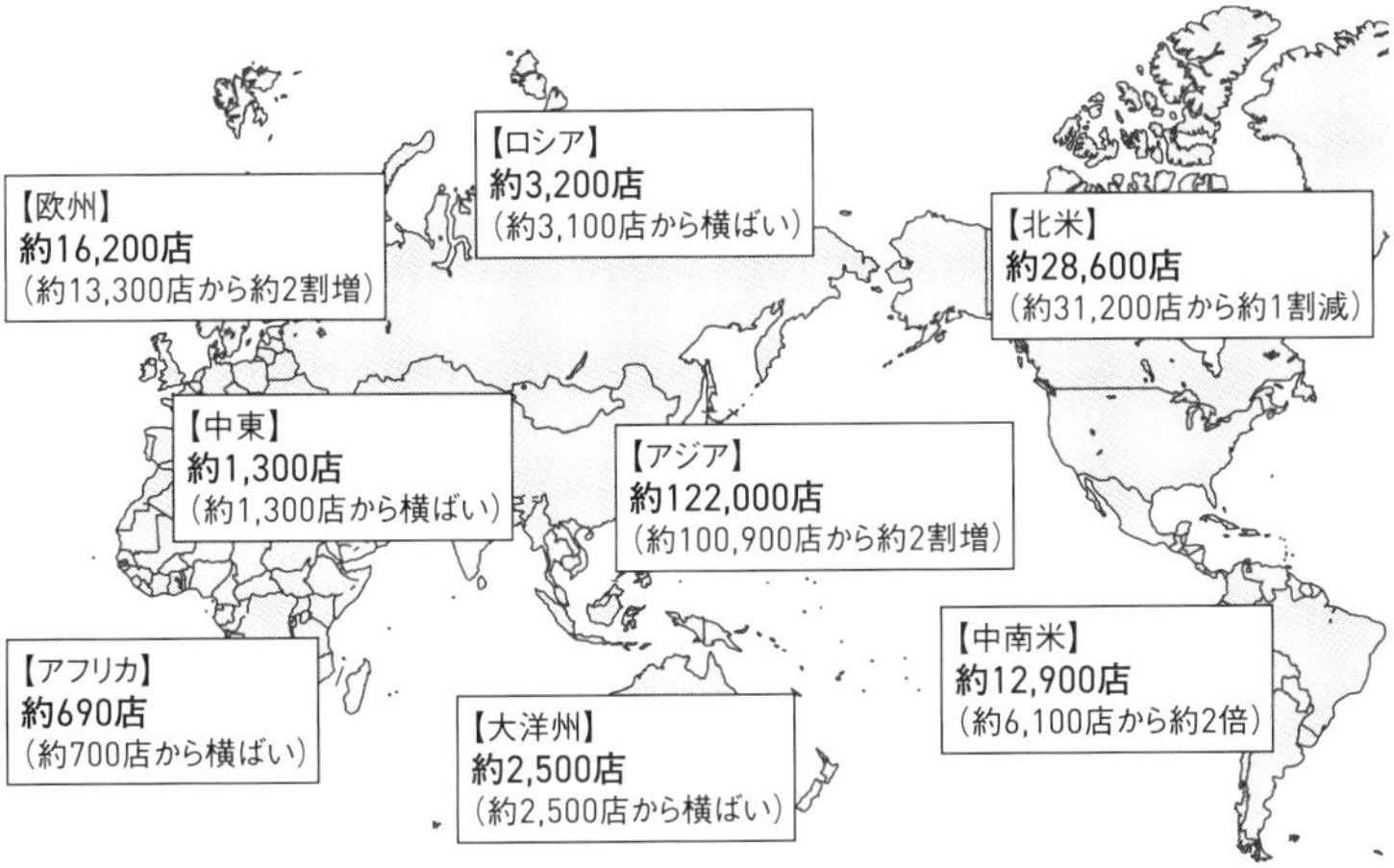

出所：2023年 外務省調べにもとづき、農林水産省において集計。
（　）内は2021年調査結果との比較

確かに懐石、高級寿司、神戸牛などの高級日本食も富裕層には人気があるが、インバウンド観光客の大半はファストフードを楽しみ、そしてコンビニのおにぎり、弁当をも楽しんでいる。つまり日本のファストフードをインバウンド戦略の核に据えるべきなのは当然だろう。

２０２４年時点で、吉野家１００５店舗、丸亀製麺は２７１店舗以上、CoCo壱番屋は２１９店舗、一風堂は１３５店舗、くら寿司は１２４店舗、そして最近、注目されているおむすび権米衛は４店舗を海外に展開している。中国に偏りが見られるチェーン店もあるが、おむすび権米衛に見られるように欧米主体のチェーン店もある。吉野家は海外展開の先駆者だが、近年は国内市場で一定の成果を挙げたチェーン店はいずれも海外展開に積極的だ。

米ニューヨーク州・マンハッタンの吉野家　写真：時事通信フォト

ロサンゼルスのドジャースタジアムには大谷翔平の移籍加入もあって、スタジアム内に銀だこが出店したことも話題になった。外務省調べにもとづいた農林水産省の集計によると、日本食レストランの海外での店舗概数は、約2・4万店（2006年）↓約5・5万店（2013年）↓約8・9万店（2015年）↓約11・8万店（2017年）↓約15・6万店（2019年）↓約15・9万店（2021年）↓約18・7万店（2023年）と連続して増加しているとされている。

先に述べたように近年、目立つのはファストフード店である。もちろん日本資本のもの、フランチャイズ、現地法人と経営形態はさまざまだ。欧米では高級寿司店をはじめとした高級店の存在もあるが、現象を牽引しているのはファストフード店ということになるだろうか。

ソーシャルメディアが伝播する日本食

近年、動画共有サイトで日本食を紹介するチャンネルが増えた。『Momoka Japan』もそのひとつだが、２０２３年にはコミカライズもされている。２０２５年3月19日現在、YouTube のチャンネル登録者数95・４万人・６６８本の動画、再生回数の最も多いものは９０９万回、通常のものでも１００万回再生前後を維持している。コミックの表紙裏には以下のように記載されている。「私が動画を作り始めたきっかけは日本の商品を外国の人たちがどう評価するのかが純粋に気になったからでした」。

彼女はインスタグラムでも発信しているが、基本的には訪日客を美味しい日本食の店に連れていくといった内容になっている。そこで訪日客は初めての日本食に感動し、舌鼓を打つといった内容になっているが、その訪日客の反応が新鮮だ。筆者を含めて日本人には当たり前の食事が彼らの感動を引き起こす様はとても興味深い。もちろんこのチャンネルは海外でも視聴されており、もはや動画共有サイトやＳＮＳは国境も超越した。

そういった意味でもインターネットの普及は大きい。それ以前には映像コンテンツは放送番組の形で海外に輸出するという手段を取っていたのだが、現在では一般人でさえ、簡単に映像化して瞬時に海外まで射程に入れた発信ができるようになった。これも技術的イノベーションの効用である。物品は他国に届くのに一定の時間がかかるが、情報に関しては瞬時に、広範に拡散できる。

しかしYouTubeチャンネルには日本食を紹介するものが多い。テレビ東京が放送している『ＹＯＵは何しに日本へ？』のような訪日客へのインタビューに特化したものが中心だが、日本食のような特定のテーマを持ったものも多いということだ。つまり背景に日本食のバリエーションがある。幾つも動画を上げても尽きることのないメニューが日本食にはあるのだ。

この背景には２０１３年に「和食」がユネスコ無形文化遺産に登録されたこともある。それまでは口承伝統、民族文化、伝統工芸技術、伝統芸能、祭礼などが対象だったが、２０１０年から食文化も対象となった。和食が登録されるまでは、フランスの美食術、スペインやイタリアなどの地中海料理、メキシコの伝統料理、トルコのケシケキ（麦がゆ）が登録されており、それに続く形となった。

ただしこの和食はあくまで日本人の伝統的な食文化を意味しているので、先に挙げた一連の日本食とは微妙に違うものになるが、それでも海外において日本の食への関心を高めたという点は大きい。逆に日本食の奥深さを提示することにもなったのかもしれない。

つまり日本食は高級なものから低価格のものまで縦のバリエーションを示すことにもなり、メニューの幅だけではない点がひとつの特徴ともいえるだろう。それがインターネットを通じて、その存在と情報が海外に伝播されているということになる。

韓国からの訪日客のお目当ては日本食

2024年になって韓国人の訪日が増えている。JNTO（日本政府観光局）が発表している訪日外客統計によると、2024年6月の訪日韓国人数は70万3300人で、コロナ禍前の2019年の水準を大きく上回っている。

筆者もときどき福岡に行くのだが、福岡は韓国からの距離が近く、交通アクセスも良いので、街は韓国からの観光客で溢れているという印象が強い。韓国は2022年9月から、国別の訪日外客数1位の座を22カ月連続で維持しており、この背景には日韓関係の改善、円安、航空便の増便、文化交流の維持、中国市場の低迷などが挙げられるが、おそらくそれだけではないだろう。

韓国からの訪日客の大半は日本食を期待しているのだ。訪日韓国人の支出比率は、主に宿泊料金と買い物代、飲食費が大きい。訪日客が増えることによってリピート現象が生じ、それによって日本の文化（コンテンツ含む）にはまった人々が多いのかもしれない。動画共有サイトにも韓国人訪日客のチャンネルが多くあるが、それらの大半はそのような内容になっている。反日、親日と取りざたされることの多い韓国だが、若年層は後者の傾向が強いようだ。

最近では韓国でもJ－POPが流行り、日本の文化コンテンツに対しての関心が高まっ

ている と聞く。2024年9月、ソウルに日本のチェーン店「鳥貴族」が開店したが、予約が取れない限り入店ができない状態だったという。もともと学生街では日本風の居酒屋が人気を博してはいたが、近年ではとんかつをはじめとした日本食がブームを引き起こしている。

ではとんかつを見ていこう。「新宿さぼてん」のブランドで有名なグリーンハウスフーズのHPによれば、2025年3月時点でうどんの「つるよし」を含めて、韓国では27店舗を展開、第1号店は2001年だった。「つるよし」を含めて海外では111店舗展開しているが、台湾が39店舗、韓国は第2位となっている。

筆者が2023年にソウルを訪れた際にも地元資本のとんかつ屋は増えていたという印象が強い。南大門のとんかつ屋はまるで日本の「松のや」のようだった。ファストフード的な店も増えているのだろう。とにかく日本の食文化は韓国においても裾野の広がりを見せている。

もちろん寿司、ラーメンをはじめとして韓国国内には随分、多くの日本食店があるが、韓国ではここ数年、日本の文化コンテンツ、食文化などが人気を呼んでいる。若者の間では日本語と韓国語を混在させる「ハンボノ」という話し方も一般化している。これも一種の「日本化現象」と見られる。かつて韓国で起きた日本製品の不買運動「ノージャパン」と対比し「イエスジャパン」と呼ばれている。訪日客の3分の1を韓国人が占める「ゴージャパン」も活発化している。

2023年10月に発表された、言論NPOと韓国の東アジア研究院の11回目の「日韓共同世論調査」で、日本の大衆文化を楽しんでいる人、日本を訪問した経験がある人、日本人と交流する機会が多い人ほど良い印象を持つようになるとの分析結果が出たとのことである。文化コンテンツに限定すると、相手国のポップカルチャーに対して、「楽しんでいる」という人は日本人で36・1%、韓国人で18・5%であった。ただ日本人は「ドラマ」「K‐POP」に特化しているのに比べ、韓国人では「マンガやアニメ」が突出しているが、「ドラマ」「映画」「YouTube チャンネル」にも関心を寄せているとのことだ。

緩やかではあるが、状況は好転の兆しを見せており、その背景には日本の文化コンテンツの力が大きく寄与しているものと思われる。従来、存在していた暗黙の規制も少なくなったようにも思える。少し前まで日本では韓流ブームが注目されていたが、近年では立場が逆転したようだ。

つまり先に紹介したように、韓国からの訪日観光客の増加がリピーターを生み、それが日本への関心を高め、好感度を高めていることに疑念の余地はない。

インバウンドの増加にはそういった効用があり、単に日本に滞在費等の経済的な利益を創出するのみではない。このリピーター効果が親日に結び付いていくのだ。韓国以外からの訪日客が増加する中、日本の文化が広範に理解されていくことを期待してもいいだろう。

また韓国では最近は、とんかつや寿司、ラーメンといった海外で定番のメニューだけでなく、すき焼きやしゃぶしゃぶ、日本の定食、喫茶店メニューなど、多様な日本食が受容されてもおり、これまで何度かあった日本ブームとは違い、現在はすっかり定着したとも取れる。

おにぎりの普及

最近、おにぎりが話題だ。海外でも一段とおにぎり人気が活況化している。これは近年の空前の日本食ブームが背景にあると見てもいいだろう。YouTube上では外国人による日本食の動画で溢れ返っている。また海外の日本食店では、現地の嗜好に合わせたカスタマイズがなされている。つまりここでもイノベーションが始まっている。店舗においても店頭販売のみの店あり、またイートインの店あり、と多様化も見られる。

またコロナ禍でテイクアウト需要が高まるなど内食が進む中、そういった専門店の出店が後押しにもなり、一般社団法人日本総菜協会『２０２２年版総菜白書』によれば、２０２１年の日本の米飯類の販売市場は４兆４４２９億円と前年比１０４・８％と増加傾向。購入頻度も弁当に次いで、おにぎりが2位にランクインするなど、売り上げ・販売量ともアップした。おにぎりは日本のソウルフードだ。コメ文化のひとつの象徴でもある。伝統の維持も重要だが、また同時に時代の変化にも反応していかなければならない。

美味しいおにぎりの条件は「米の炊き方」と「塩加減」に尽きる。これはおにぎりの普及に多大な貢献を果たしてきたコンビニエンスストアでも同様だが、冷めても美味しいこ

イギリスで行われた日本産米のイベントで、好みのおにぎりを作ってもらう参加者　写真：時事

とも重要だ。もちろん握りたてが美味しいのは当然だが、コンビニエンスストア含めて、現実的にはおにぎりとは冷めてから食べることのほうが多いかもしれない。最近では地域によってだが、コンビニエンスストアで店員が「おにぎり、温めますか」と聞いてくれることがあるが、一般的には冷たいご飯のおにぎりという押さえ方をしておきたい。

そういう意味では中国人をはじめとしたインバウンド観光客に、「象印」に代表される電子炊飯器が飛ぶように売れていることでもわかるだろう。あくまで温かいご飯で握るおにぎりが好きな人々は電子炊飯器へのこだわりも大きい。ただ海外のおにぎり専門店では日本の専門店のように、注文されたおにぎりを目の前で握る店は多くないように思う。

おにぎりは日本の食そのものを凝縮したものだ。もちろんコミュニケーションを図る食事の場でのおにぎりもあるだろう。子供の頃の遠足や運動会、大人になってからの花見などがその代表だ。つまりシンプルが最も似合っているに違いない。一方、懐石料理を食するのも、贅沢なひとときだ。しかしその真逆にある簡素な冷めたおにぎりと向かい合うのもまた、芳醇なひとときを与えてくれる。また他人と交わらない時間の相伴相手としておにぎりを捉えて、至福の時間を過ごす人々も少なくはない。

例えばドラマ『孤独のグルメ』シーズン４の最終回に登場する店、東京都渋谷区恵比寿の『さいき』は、店内に入ると、歴史を重ねてきた木造の店内から温かみを感じる。カウンター席は１～２名の客、テーブル席は２～４人の客が座っている。海老しんじょうと焼きおにぎりで有名な店だが、カウンター席でひとりもいいが、２階の個室でひとり焼きおにぎりを食するのが、夢であった。残念ながら２０２３年５月に閉店してしまったが、おにぎりの魅力を広めてくれた店だった。

また群馬県霧積《きりづみ》温泉の『金湯館』は鄙《ひな》びた温泉街に一軒しかない旅館である。このおにぎり弁当の包み紙には西条八十《さいじょうやそ》の「麦わら帽子の詩」が刷られている。「母さん僕のあの帽子どうしたでせうね。ええ、夏碓氷から霧積へ行く道で落としたあの麦わら帽子ですよ。僕はあの時ずいぶん悔しかった。だけど、いきなり風が吹いてきたもんだから」。これが森村誠一『人間の証明』（１９７６年、角川書店）執筆の発端になったことはよく知られている。小説は後日、映画化もされて大ヒットする。ここのおにぎり弁当は、海苔と金胡麻の大きな丸いおにぎりに漬け物と小魚の佃煮が添えられてある。複数の気の置けない人と会話を楽しみながら食するのも良し、窓から渓流を眺めながら一人で食するも良しだ。

おにぎりとの時間の過ごし方は人それぞれだ。かつて神事と大きく関わってきたおにぎりだが、現在では格式を求められることのない時間をおにぎりは導いてくれるだろう。人の味覚は千差万別なので、一概にこれが美味しいおにぎりだと断定することはできない。ただおにぎりの美味しさは米にあるので、その炊き方には十分、配慮しなければならないだろう。

例えば1983年に連載が始まり、日本にグルメブームを巻き起こしたマンガ『美味しんぼ』は日本を代表するグルメマンガといってもいいだろう。この作品の筋となるのが、主人公の山岡士郎の「究極」とライバルであり実父である海原雄山の「至高」との対決だ。作中では何度も料理対決を行った「究極」と「至高」だが、具の入っていない塩むすびが最高と位置付ける。確かにさまざまな具材も魅力的だが、日本を代表する米文化の象徴としてのおにぎりを考えると、米そのものの美味しさが最上位に来るに違いない。日本の米は美味しいが、それが凝縮して自己主張をするひとつの個体はとても美しいし、それはとても魅力的だ。日本を味わうという瞬間を手に入れることができるだろう。

さて日本のソウルフードであるおにぎりだが、現在では国内外でブームを起こしつつある。若干、余計なことも述べてきたが、あのシンプルなおにぎりの背景にも日本の文化が潜在的に潜んでおり、このような日本の食を通じて、そこの部分を海外でも認識してもらうことが重要だと考える。

ただおにぎりには別途おむすびという呼称もあり、２０２４年から２０２５年にかけてのＮＨＫ朝の連続テレビ小説『おむすび』や大谷翔平がアンバサダーに就任したファミリーマートのおむすびなど少々混乱もしている。日本人に関しては問題がないとしても、海外向けには呼称の統一も議論されるべき時期を迎えているのかもしれない。

日本酒、ウイスキーの海外認知

かつて日本のアルコール飲料は海外では苦戦を強いられてきた。商社もさまざまな形で市場開拓を行ってきたが、芳しい結果を出すのは難しかった。しかし現在では相当、様変わりしたといえる。日本食の海外浸透とともに日本酒も普及の途を歩み始めた。日本酒も今ではグローバルに海外での一般認知をされていると捉えてもいいだろう。

現在、日本国内のアルコール飲料ではビールの消費量が最も多く、日本酒は焼酎、ウイスキー、ワイン、ハイボールなどに押されているのが実情だ。農林水産省によれば、１９７３年から２０２０年の間に日本酒の年間の国内販売量は75％も減少しているという。しかし海外での販売量は日本酒造組合中央会の発表では、２０２２年度の日本酒輸出総額が４７４・92億円に達し、13年連続で前年を上回る金額になったという。

2024年3月27日のWeb版「FB GLOBAL MEDIA」によれば、その理由を3点挙げている。

第1に海外市場での売れ筋は軽くてフルーティなものだったとのことで、そのことから日本酒の最高級品を輸出に回すだけではなく、海外でより受け入れられるように、酵母を増やす一方、アルコール量を減らし、ワインのような味わいの日本酒を造ることを試みた点、第2に2020年に日本酒造組合中央会はフランスソムリエ協会と提携し、フランスのソムリエに日本酒の啓蒙活動を行ったとのことで、つまりは日本酒が高い評価を得るには、ワインコミュニティでの評価が重要だといったマーケティング戦略、第3に日本酒がオーガニック原料で造られているものが多いことから、健康志向の強い消費者にアピールできた点を指摘している。

そして先述したように2013年に「和食」がユネスコの無形文化遺産に登録されたことを受け、世界で日本食ブームが起きたこと、そして国の積極的な支援、輸出限定の酒造免許、保冷技術なども日本酒の海外浸透の要因だという。現在では輸出額、輸出量ともに米国、中国が最上位に来ていて、そこに韓国、香港が続くので、欧州は今後の市場開拓が期待される。

国内販売量が減少している点を海外販売額が埋め合わせることは単純には難しいが、それでも日本酒が海外でのトレンドに位置付けられることは明るい兆しといえるだろう。

またアルコール飲料としての日本のウイスキーがこれほどまでに海外で人気を集めるこ

とは想像できなかった。2021年のアルコール飲料の輸出総額は前年比61・4%増の1147億円、そのうちウイスキーは462億円、種別でいうと、日本酒を抜いて最高額となっている。

同年の販路では中国、米国、フランス、オランダの順になっており、日本洋酒酒造組合はこの状況から「ジャパニーズウイスキー」の表示に関する基準の厳格化を行った。日本国内で採水された水を使い、製造・貯蔵・瓶詰は日本国内の蒸留所で行うのが、「ジャパニーズウイスキー」とした。

遡る2012年では日本のウイスキー製造免許取得場は9カ所だったが、2021年には120カ所を超えているという。もはや一大ブームといっても過言ではない。ただ1970年代にウイスキーブームが生じ、しかし1980年代には国内ウイスキー市場は冷え込み、まさに「ジャパニーズウイスキー」不遇の時代に突入したことからすれば、現在、「ジャパニーズウイスキー」が海外でも高い評価を受けている事実は感慨深い。

国内ではハイボールブームが下支えをしているが、NHKの連続テレビ小説『マッサン』（ニッカウヰスキーの創業者、竹鶴政孝がモデル）もブームに貢献したといわれている。海外で「ジャパニーズウイスキー」がさまざまな品評会で最高賞を取るなどしたことも理由として挙げられるだろう。それに伴い希少性の高い銘柄は価格が高騰しており、とくにシングルモルトが求められている。

人気があるのは一般的にサントリーウイスキーとニッカウヰスキーになるが、もちろん両社ともブレンデッドも発売している。希少銘柄は市場価格が100万円を超えるものもあるが、例えばサントリーウイスキーの「シングルモルトウイスキー山崎12年」は、希望小売価格1万5000円だが、市場価格は2万5000円前後となっている。ニッカウヰスキーの「竹鶴ピュアモルト17年（旧ラベル）」は、定価7000円だったが、終売となった現在では市場価格3万7000円前後となっている。

ウイスキーは製造に時間がかかるので、需要があっても急に増産はできないことから、価格が高騰する。そして銘柄によっては消費者間での取り合いも生じている。また秩父の「ベンチャーウイスキー」の「イチローズモルト」も世界最高のウイスキーを決める品評会『ワールド・ウイスキー・アワード』において最高賞を5年連続で受賞し、世界的に注目を集めている。

希少銘柄では数千万円の高値を付けたものもあると聞いているが、さすがにバブルは沈静化していくだろう。ともあれ「ジャパニーズウイスキー」が海外でも広範に認知されたことは喜ぶべきことだろう。ただ近年になって市場価格も下落傾向にある点は懸念材料となっている。

さてここでは、日本酒とウイスキーについて述べたが、現在、それらは海外でかつて想像できなかったレベルで普及してきている。この背景には日本食の安全性や品質の高さが担保されているという理由もあるのだと思う。

多様性に富む日本食

日本食の多様性は多くのインバウンド観光客を虜にしている。そして海外への展開も加速度的だ。このふたつの視点から見ていこう。インバウンド観光客の目的の重要なものは用意されている。ましてやそこにコンビニエンスストアの無限のラインアップが加わることになる。

見方を変えれば、懐石、各種コース料理などの高級食からラーメン、カレーライス、うどんのようないわゆるB級グルメ、たこ焼き、やきそばなどの屋台系まで、旅行者の志向性、懐具合によってもさまざまな選択が可能である。これも日本の食の特徴でもある。そして同時に日本の食のクオリティもまた注目される。これは垂直の多様性といえるだろう。

例えば東京はミシュランの星を最も多く獲得している都市としても知られている。つまり日本は世界に認められたグルメ大国でもある。「ミシュランガイド東京２０２５」では34種類の料理カテゴリーから５０７軒の飲食店やレストランが紹介されている。うち、新規掲載店は64軒、初のセレクション発表以来、東京は星付き掲載店数18年連続１位になった。

もちろん最近の「ミシュランガイド」では、高級店のみならず、ラーメン、おにぎりなどでも星が付けられており、２０２５年からスイーツにもその範囲は広げられている。美

［図6］　訪日旅行でしたこと（複数回答）
※観光・レジャー目的、全国籍・地域ベース

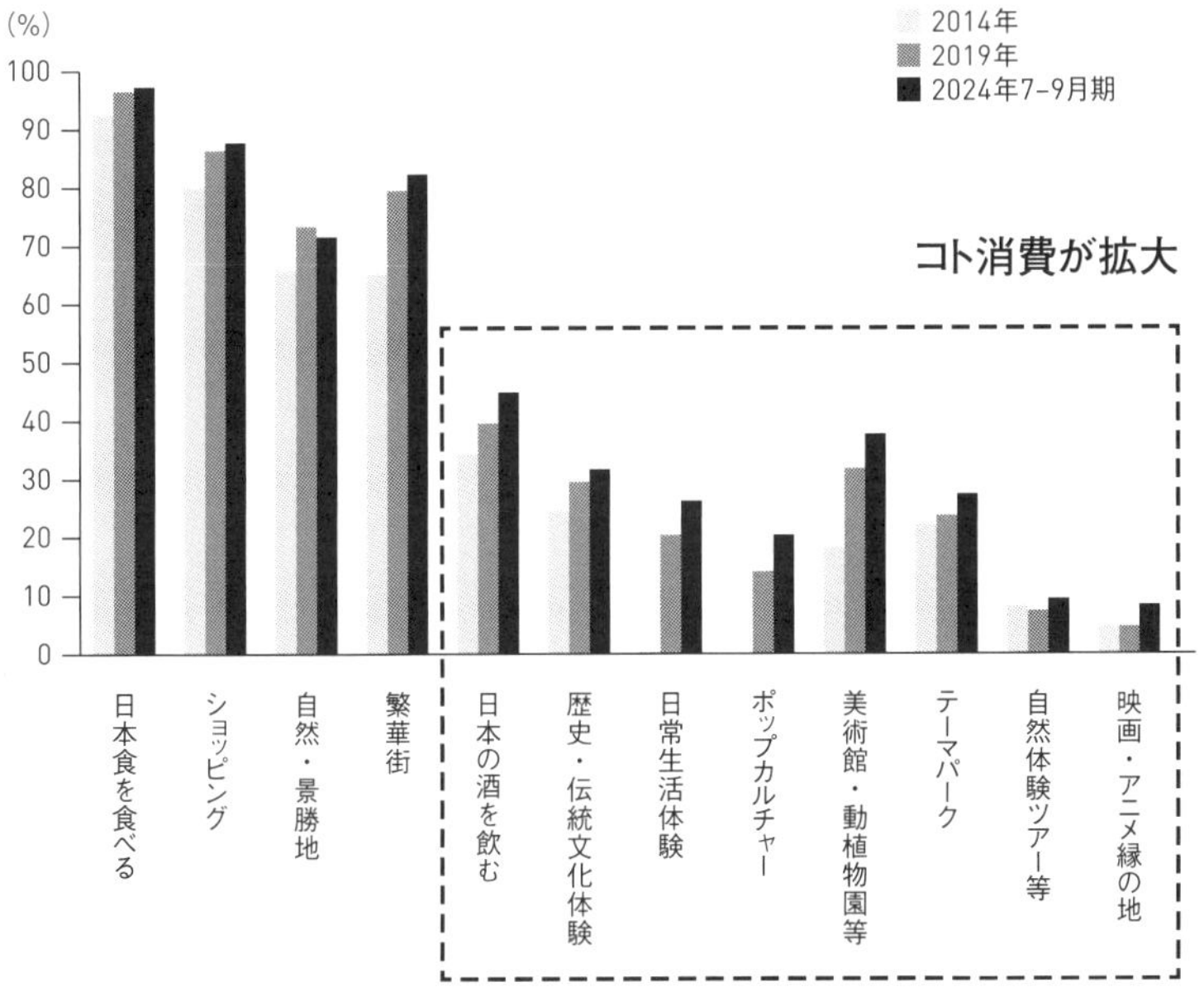

出所：観光庁「インバウンド消費動向調査」より、みずほリサーチ＆テクノロジーズ作成
※「日常生活体験」「ポップカルチャー」は2014年は調査対象外

食の街としてはフランスのパリが一般認知されている都市だが、実情は東京ということだ。また東京は日本食だけではなく、対価を払えば世界中の美食を堪能できる都市でもある。

近年の訪日インバウンド観光客には、ＳＮＳや動画共有サイトによって、有り余る情報が伝達されており、彼らはそこから選択して日本の名店を巡るのである。このような情報は観光ガイドブックに依拠してきた時代が長く続いてきたが、大きな転換がなされ、現在では膨大な情報が国境を超えて行き来する時代を迎えているのである。

図6のようにインバウンド観光客の目的としては、「日本食を食べる」が最上位に来る。この調査では「コト消費」が増えていることを指摘しているが、それでも「日本食を食べる」は不動であり、さらに増加傾向にあることがわかる。ただ厳密にいえば「モノ消費」「コト消費」は単純に分離できるものではなく、「日本食を食べる」にも経験要素が含まれているのだ。

また、日本にはいわゆるB級グルメも数多くのメニューがあり、例えばラーメンひとつをとっても博多ラーメンのような「豚骨」、札幌ラーメンのような「味噌」といったように、そこでも多様性が見られる。これも日本食の魅力だ。さらに全国の各店でそれぞれの個性が発揮されることから、「ラーメン巡り」も可能だし、これは寿司、カレーライスなどの他のメニューにも適用できる。

この無限の多様性が日本食の最大のアドバンテージであり、各チェーン店の海外展開によって外国人にも日本食ファンが急増しているが、やはり日本食は本場の日本でこそ堪能できるという側面も持っている。そして彼らの訪日での日本食経験が、さらに情報拡散されるという正のスパイラルを生んでいるのだ。

大谷翔平が所属するロサンゼルス・ドジャースの本拠地にはたこ焼きの銀だこが出店しているし、ロサンゼルスには牛角、CoCo壱番屋、くら寿司、丸亀製麺、一風堂、吉野家、博多一幸舎、ビアードパパなどの日本食チェーンもあり、また日系スーパーマーケットも進出しており、Nijiya Market（ニジヤマーケット）、Mitsuwa（ミツワ）、Marukai（マルカイ）

が代表的なものだ。

　ロサンゼルスは比較的、日本人が多く居住しているが、ニューヨークをはじめとした大都市にも日本食チェーンが目に付くようにもなってきている。米国でもこのような状況なので、先行した東アジア、東南アジアでは日本食チェーンは相当、浸透していると見て良い。

　ただ国内では消費低迷、物価上昇などを受けて、ラーメン店やカフェの破綻が増加している。収入のすべてをインバウンド観光客に依存することはできないし、コロナ禍での飲食店の破綻が相次いだことも記憶に新しい。やはり国内での基盤の安定を図ることが極めて重要だ。せっかく、徐々に日本食のチェーン店の海外展開が軌道に乗りつつあり、かつ現地資本での日本食店も増えていく中、この課題に官民ともに向き合っていく段階にあるように思える。

第4章

いつの間にスポーツ強国へ

MLB最大のスター大谷翔平の果たした役割

大谷翔平は海外での日本野球の認知を大きく変えたといえるだろう。MLB選手第1号は1964年の村上雅則（マッシー・ムラカミ）に始まるが、近年では1995年の野茂英雄のロサンゼルス・ドジャース加入以降の活躍が日本人選手への注目の契機になり、その後もイチロー、松井秀喜、ダルビッシュ有などの活躍により、日本人選手がMLBで重要な存在になったが、大谷翔平はまさに異次元の輝きを放っている。

野茂の渡米までNPB（日本野球機構）の選手にとってMLBは単に憧れの場所だった。しかし現在では10人以上の選手がMLBで活躍している。そしてそれらの選手は米国で高い支持を受けているが、大谷翔平は別格だ。二刀流という、投手も打者もこなすスタイルは当初、疑いの目で見られていたが、新人王、リーグMVP3回、ホームラン王2回、打点王1回と、2度に及ぶ右肘の手術も乗り越え、今やMLBのアイコンだ。

彼の残してきたMLBでの7年間の実績もさることながら、他人への敬意、謙虚さなどの日頃の振る舞いが注目され、日本人の美点が米国でも高い評価を受け、最近では真美子夫人や愛犬のデコピンまでもが多くの人々の注目を集めている。もはや彼は日本の宝というだけではなく、米国の宝といっても過言ではない。これは驚くべきことだろう。日本人の野球選手が米国において最大のヒーローになるなんて、マンガの中の話でしかなかった。

MLB の2025シーズン、現地開幕戦でホームランを放つ大谷翔平　写真：時事

ましてダルビッシュ有、菊池雄星、鈴木誠也、千賀滉大、今永昇太、山本由伸、佐々木朗希などの活躍も日本のスポーツニュースを賑わせているのみならず、米国のスポーツニュースでもしばしば取り上げられている。野茂以降、多くの野球選手が海を渡ったが、思うように活躍できなかった選手も枚挙に暇がない。ようやく米国での認知という面では、ある地点に到達したといえよう。

その背景には2023年のWBCでの日本の優勝もあるだろう。MLBの選手が大半を占めた米国に接戦の末、決勝で勝利したことは個々の選手のレベルだけではなく、日本の野球のレベルを米国の野球ファンに知らしめた。以前からMLBに比べてNPBは一段階レベルが下がるといわれてきた。せいぜい、3A（MLB傘下のマイナーリーグで一番上のカテゴリー）程度のレベルというのが米国のファンの一致した見解だった。

また野球草創期の戦前に日米野球もあり、1931、1934年では来日した米国代表に日本代表は一勝もできなかったことからすれば、隔世の感がある。

大谷翔平の所属するLAのドジャースタジアムには日本企業の広告が溢れ、オフィシャルグッズショップでは大谷の背番号の入ったレプリカユニフォームが飛ぶように売れ、これは他のMLBのチームの本拠地にも波及しているといわれている。つまりまさに彼はMLBのアイコンになったのだ。

日本ではベースボールのことを野球と呼ぶ。野球は米国で生まれたスポーツで、1872（明治5）年に来日した米国人ホーレス・ウィルソンが当時の開成学校（現：東京大学）で教え、その後日本全国に広まったとされている。野球という日本語が生まれたのは、明治時代の中期。第一高等中学校（現・東京大学教養学部）の生徒だった中馬庚《ちゅうまかのえ》が、英語の「baseball」を「野外または野原で行う競技」という意味で「野球」と翻訳したのがはじめというのが定説になっている。

同じ時期に日本に入ってきた外来スポーツは他にもあるが、野球だけが異なる点がある。野球以外のほとんどが戦後、呼び名を英語へと変化させていった点だ。例えば蹴球はサッカー、籠球はバスケットボール、排球はバレーボールというように。ちなみに、卓球はテーブルテニスではなく卓球のままだが、ピンポンという別称が存在する。

日本人の感覚に合わせたカスタマイズ、これがとても重要な点である。これは伝統的なものを除いて、日本の文化コンテンツがこれまで示してきた一種のイノベーションである。野球もこの文脈で捉えることも可能に違いない。ベースボールではない、あくまで野球なのである。戦後、横文字に転換した他のスポーツとの発展過程や形態がおそらく違うのであろう。野球は日本の慣習、風俗のマストアイテムのポジションを獲得したのだといえるかもしれない。もはや日本人の生活を彩る存在になっているともいえるだろうか。野球マンガというジャンルが確立していることもその発露である。そしてそれはアニメ化され、さらにその浸透の幅を広げてきたのである。

日本ではあまねく全国にわたって野球が実施されている。現在では社会人であれば都市対抗野球大会、大学であれば全日本大学野球選手権、高校であれば選抜高校野球大会、全国高校野球選手権大会というように、地域ごとの予選を勝ち抜き、地区代表として駒を進める形が一般的だ。もちろん中学や少年野球でも同様のシステムが確立している。またそれゆえに地区組織も独自の大会を実施するなど活発な動きを見せている。この独自のシステムがプロの人材育成に寄与していることも見逃せない。つまり明治時代に野球が持ち込まれてから、長い時間をかけて全国規模の大会のシステムが整備され、それに伴う形で地域のシステムも構築されてきた。ただ全国的な少子化などの影響が懸念材料ともされているので、今後の課題は決して少なくはない。

ともあれその結果、ＭＬＢでの日本人選手の活躍に結び付いている。長い時間をかけてようやく辿り着いたといえよう。そして彼らが持ち込んだ日本の野球文化に対する米国人の理解も促進されている。とくに大谷翔平は彼の一挙一動が日米のメディアから注目されていて、「相手監督、選手、審判へ敬意を払う姿勢」「グラウンドでゴミを拾う姿」「ファンへのサービス」などが取りざたされている。

もちろん彼が米国で学んだこともあるだろう。つまり渡米後の彼は日米の野球文化のミクスチャーを体現しているともいえる。しかしMLBでこれほどの影響力を持つ日本人選手が現れることを多くの人は想像もしていなかっただろう。だがこれは現実であり、2025年は右肘のトミー・ジョン手術（肘の内側側副靱帯再建手術）のリハビリを経て、いよいよ投手再開となるはずだ。期待はさらに増すに違いない。

ボクシング王国・日本

近年のスポーツ界で注目されているものにボクシングがある。1952年に当時のフライ級で白井義男が世界チャンピオンを奪取して、敗戦のショックから立ち直る際に国民に勇気を与えたといわれている。その後も何人もの世界チャンピオンを輩出してきた日本だが、これほど日本人のボクサーが海外から注目されることはなかった。

その象徴が井上尚弥だろう。現在は4階級制覇し、バンタム級、スーパーバンタム級では4団体制覇をしている。WBA、WBC、IBF、WBOだ。戦績はプロデビュー以降、

29戦29勝26KO（2025年3月現在）、2022年と2024年には米国『ザ・リング』誌の「パウンド・フォー・パウンド」（体重差を考慮に入れない全階級統一のランキング）で1位にもなっている。ニックネームは「モンスター」。世界中から認められるスーパーチャンピオンだ。

しかしそれだけではない。バンタム級は堤聖也がWBA王者、中谷潤人がWBC王者、武居由樹がWBO王者、西田凌佑がIBF王者として、すべての団体のチャンピオンを日本人が占めており、後続の有望選手もランキング内にいる（2025年3月現在）。他の階級でも世界チャンピオンは4人、いつの間にかボクシング大国と目されている。とくに中谷潤人は「パウンド・フォー・パウンド」でも10位以内にランクインしており、「ネクストモンスター」として期待を集めている。一時期、アジアでは韓国がライバルと目されていた時期もあったが、すでに韓国の凋落は著しい。

かつてボクシングはマンガ『あしたのジョー』のように、ハングリースポーツだといわれていたが、なぜ、現在の日本でこのような状況になっているのだろうか。不思議ではあるが、やはり野球同様、選手の育成システムが機能しているのだと思われる。また若い頃に海外で武者修行をするなどのキャリアを持つ選手もいる。

日本には一定の格闘技熱がある。ボクシング以外にもプロレス、総合格闘技なども多くの熱狂的ファンを集める。「侍」に象徴される武士道精神のイノベーションと捉えることもできるのかもしれない。ただどちらかというと国内に限定されていた観があったのだが、ボクシングは海外認知で先行し、それが現在、結実したように見える。「拳闘」と呼ばれる時代は過去のことになってしまった。米国もボクシングに関しては歴史的な背景から自負のある国だが、そこで日本人のボクサーが注目されていることが大きい。

かつては1971年のメキシコのルーベン・オリバレス対金沢和良のように、海外の実力者と敢闘精神で戦った日本人ボクサーが評価されていた時代もあったが、現在ではそこを超越してしまったように見える。つまり実力で勝ち抜いたボクサーが増えてきたということだ。そして格闘技というより、スポーツとしての認識が高まってもきている。

井上尚弥という世界的スーパースターの登場により、そこに有能な人材が続くという構図は野球に似ている。つまり現在の日本のアスリートたちが世界で活躍しているのには、やはりスーパースターの存在が不可欠であり、彼らがシーンを牽引していくのだろう。

野球同様、筆者もボクシングのファンでもある。幼少の頃からテレビを通じて世界タイトルマッチはよく観てきた。スリリングな試合展開がボクシングのひとつの魅力だと思う。実力もだが、運もことさらに重要な要素である。そして野球やサッカーとは違い個人競技でもある。

故に人生を重ねやすいという特徴があるのではなかろうか。ボクシングは個人の「勝ち負け」の世界だ。試合そのものに人生的な起伏がある。そして選手個人にもよりリアルな人生の起伏がある。筆者はボクシングのその点に魅せられてきたような気がする。後者はとくに「勝ち続ける」ことの難しさ、「負けた」後のリベンジ、グローブを吊るし、引退

2025年1月、ボクシングスーパーバンタム級世界主要4団体統一王座防衛戦でキム・イェジュン（韓国）に勝利した井上尚弥　写真：時事

する際の切なさ、それが未だにボクシングファンであるところの背景にある個人的な着目点だ。

しかしこれほど日本人ボクサーが海外から注目されることはこれまでになかった。長きにわたるいちボクシングファンとしては驚きを禁じ得ない。と同時に嬉しくもある。スポーツも日本の文化コンテンツだとすれば、歴史、スタイル、精神性、礼儀、佇まいなどの日本特有の文化がボクシングにも体現されて、それが米国をはじめとする海外でも認知されていく様は意味のあることだろうと考える。

プロボクシングの８大タイトル戦『Prime Video Boxing 10』が２０２４年10月に東京で開催された。世界タイトルマッチ7戦を含んだ、このような大規模なイベントが日本で開催されることも驚きだが、かつてのように日本のテレビ局が国内に向けて放送していた頃とは様変わりし、配信プラットフォームを通じて世界に配信されるシステムの変化にも留意すべきだろう。

情報通信の環境変化が日本のスポーツや選手への関心を高めることに一役買っているに違いないし、また日本のスポーツ界の戦略構築の際にも重要な要素になっている。

ドイツよりも強い日本サッカー

いわゆる「SAMURAI BLUE」（サッカー日本代表）はワールドカップでは本来の力を発揮できているかというと見解も分かれるところだが、それにしても日本のサッカーがここまでの実力を持ち得るとは数十年前までは誰も想像できなかったに違いない。戦前に起源を持つ日本のサッカーは１９３６年のベルリンオリンピックに初出場でベスト8、戦後は１９６４年の東京オリンピックでベスト8、１９６８年のメキシコオリンピックで銅メダルに輝いてはいるが、その後、１９９２年のバルセロナオリンピックまでアジア予選敗退。しかし、１９９６年のアトランタオリンピックで28年ぶりに本大会出場を果たすと、２０１２年のロンドン、２０２１年の東京オリンピックで4位と結果を出している。

ワールドカップにおいては１９９８年のフランスワールドカップにてようやく初出場、それを含めて7大会連続で本大会に出場しており、進歩が著しい。そして２０２２年のカタール大会を含めてベスト16進出は4回を数える。カタール大会ではグループステージでワールドカップ優勝経験のある強豪ドイツ、スペインを撃破。日本代表は今やワールドカップにおいても常連と目されるようになっている。

近年のドイツとの試合はカタールワールドカップで2対1、その後のドイツでの親善試合は4対1とそれぞれ日本が勝っている。まさかの事態である。確かにドイツは近年、力を落としているといわれているが、それにしても日本が連勝する日が来るなどと思わなかった向きも多いことだろう。しかしこれが現実だ。

FIFAランキングでは2024年12月19日発表のものでは15位、アジアで最上位に位置している。これまでの最高順位は、1998年2月、3月に記録した9位。算出方法が現行方式になって以降では、2011年4月に記録した13位が最高順位となっている。森保一監督就任以降では今回の15位が最高位だ。

日本代表はラ・リーガ（スペイン）、ソシエダの久保建英、プレミアリーグ（イングランド）、ブライトンの三笘薫、ブンデスリーガ（ドイツ）、フライブルクの堂安律をはじめとして大半が海外のチームに所属している。つまり海外のリーグで活躍している選手たちが日本代表チームのレベルアップに貢献していると見ることができる。

やはり1990年代後半から勢いがついたといえるだろう。ちょうどJリーグの開幕が1993年で、それを機にという論者は多い。それまでは実業団チームの時代が長く続いてきたが、プロ化が図られ、J1を最上位としてクラス分けがなされ、地域との密接な関係構築、下部組織の設立などが進められた。

Ｊ１以外のチームでは経営が厳しいところもあるが、それでもＪリーグは機能して優秀な選手を多く輩出してきた。そして彼らは海外のリーグへの移籍を果たし、そこで活躍する選手も増えた。

もちろんその背景には日本の選手が優秀だという印象を海外のクラブが持ち始めていることがあるだろう。これは男子にかかわらず女子にもいえる。ただ海外のクラブ所属の選手が増えたため、日本代表での試合の招集にはハードワークが余儀なくされてもいる。多くの選手が所属するのが欧州ということもあり、日本開催の場合は移動距離が半端ではない。

現在、日本代表は２０２６年ワールドカップのアジア最終予選の渦中だ。２０２６年のワールドカップは米国、カナダ、メキシコで共催予定だ。すでに日本代表は２０２５年3月20日にホームでバーレーンに勝利し、世界最速でワールドカップ出場を決めている。アジアに対しては８・５の出場枠（直接出場8枠と大陸間プレーオフ1枠）が割り当てられており、前回大会が４・５枠だったことからすれば、ワールドカップへの出場枠が大幅に増え、アジアのチームの出場の確率が高くなった。

久保建英、三笘薫、堂安律、南野拓実、伊東純也、守田英正、冨安健洋、遠藤航など日本代表の選手たちは海外での知名度も高めており、欧州でプレーする日本人選手は１００名を超えているという。ひと時代前には考えられなかった状況にある。

2025年3月20日に埼玉スタジアムで行われた2026年ワールドカップアジア最終予選でバーレーンに勝利し、世界最速でワールドカップ出場を決めたサッカー日本代表　写真：AFP＝時事

なでしこジャパンの安定の強さ

「なでしこジャパン」（サッカー日本女子代表）にも海外クラブ所属の選手が一気に増えた。日本サッカーは男女ともに世界が注目する存在に成長したのは現実である。２０１１年の女子ワールドカップ（ドイツ）で澤穂希、宮間あやが中心選手だったなでしこジャパンは決勝でＰＫ戦の末に米国を破り、優勝して、東日本大震災で意気消沈した日本に勇気を与えたことも記憶に新しい。

その後の女子ワールドカップの２０１５年大会（カナダ）は準優勝、２０１９年大会（フランス）はベスト16、２０２３年大会（オーストラリア、ニュージーランド）はベスト8とすっかり強豪国と目される位置にいる。選手も世代交代を比較的スムーズに行い、2011年大会からの経験者はロンドン・シティ・ライオネス（イングランド）で活躍する熊谷紗希だけになっている。

現在の戦術的なチームリーダーはマンチェスター・シティ（イングランド）で活躍する長谷川唯であり、レギュラーの大半がヨーロッパのチームに所属している。少し前までは国内のWEリーグの選手のほうが多かったが、ここ数年の急激な変化だ。海外でもなでしこジャパンは強豪とみなされており、ゲーム運びもかつてのようなカウンター主体ではなく、ボールポゼッションなどにも大きな成長が見られる。

2025年2月には米国で開催されたシービリーブスカップで米国を破り、見事優勝を成し遂げた。それを受けて、同年3月6日のFIFAランキングでは5位と上昇した。またU－20、U－17などの世代別代表も大きな成果を収めており、その選手育成システムにも注目が集まっている。現在ではWEリーグの下部組織、高校の女子サッカー部などがそれを下支えしている。

もちろんJリーグ下部組織（J2、J3など）同様、有望選手の海外流出でWEリーグも集客面で苦戦はしている。この点をいかに克服していくかが、今後の大きな課題になる。やはりアスリートはより高度なレベルでの試合環境を求めるのが自然なので、日本の選手が海外から注目されている現在の状況では、移籍も比較的スムーズになってきている。

マンチェスター・シティで活躍する長谷川唯はここ2年、バロンドール（『フランス・フットボール』誌が選出する世界年間最優秀選手）候補にノミネートされ、イギリスでも人気を誇っているし、同じプレミアリーグのマンチェスター・ユナイテッド、チェルシー、リバプールなどの強豪チームでも日本人選手が活躍する状況になっている。またスウェーデンで活躍し、バイエルン・ミュンヘンに戻った19歳の谷川萌々子も注目される選手のひとりだ。

国内リーグを維持させ、発展させるというのが喫緊の課題になる理由のひとつは人口減少にある。つまり換言すれば国内市場が衰退するということでもある。また広告収入においてもスポーツの地上波での放送も減少しているので、放映権料収入という面でも安定、大規模のものは考えにくい。国内リーグ、各チームに積極的な企画立案、営業努力が求められることになる。

日本のスポーツが海外から注目されるのは喜ばしいことだが、諸手を挙げてというわけにはいかない。海外市場への人材供給の場としてだけでは先細りが見えてくる。中長期の視座に立ったビジョンを、大枠でいえば各協会、連盟などの組織のあり方も同時に考えていくことが必要になってきたともいえる。

またバスケットボール、バレーボール、ラグビーもいつの間にか強豪国の仲間入りをしている。オリンピック本大会への出場、ワールドカップでの活躍にも驚くことはなくなった。バレーボールは復活を飾り、バスケットボールはＮＢＡで活躍する選手も増えており、女子は２０２１年の東京オリンピックで銀メダルにも輝いている。

かつて日本を代表するスポーツは水泳、体操、柔道などであり、どちらかというと個人競技がメインであったが、現在では団体競技も強くなってきているといえる。やはりプロにもつながる競技が強くなるというのは、試合の収入、メディアの放映権、マーチャンダイジングなど市場の活性化にも波及することが考えられる。

もちろん人材育成には国や自治体、そして民間企業のバックアップがあってのことでもあるが、この点を無視することはできないだろう。

スポーツ大国を目指す日本

他の競技を軽視するつもりもないし、また他の競技での国際大会での活躍も目覚ましい。スケートボード、ブレイキン、スポーツクライミング、サーフィンなどの比較的新規の種目でのオリンピックでのメダル獲得が目立っている。もちろん体操、柔道、水泳、レスリングなどの日本の伝統的な種目も無視できない。

しかし近年、台頭が目立つのは前掲した野球、サッカーに代表される球技である。例えば卓球は長きにわたって中国の後塵を拝してきたが、現在はその差も縮まってきたようだ。依然として中国の壁は厚いままだが、中国選手と当たって勝つこともあり、日本選手の健闘が目立つ。1950、'60年代には日本が優位な種目だったのだから、何とか復権に漕ぎつけてもらいたいものだ。

またラグビーもワールドカップ開催を機に、相当力をつけてきた。選手の入れ替わり、

NBAでプレーする日本人選手。八村塁（右）はロサンゼルス・レイカーズでプレー、河村勇輝（左）はメンフィス・グリズリーズと2ウェイ契約を結んだ　写真：AFP＝時事

監督の交代等で浮沈もするが、それでもニュージーランドのような実力国に歴史的大敗を喫することはもはやなくなった。こちらも海外で活躍する日本人選手も増えているし、またラグビーのナショナルチームは国籍を問わないので、日本の国内チームに外国人選手が増え、ラグビー留学の外国人高校生も増えていることが有利に働いてもいる。

　バスケットボールも同様に強くなった印象がある。八村塁、渡邊雄太がＮＢＡで活躍、渡邊は日本に復帰したが、入れ替わるように、Ｂリーグの横浜ビー・コルセアーズや日本代表チームで活躍した河村勇輝が２ウェイ契約を経てＮＢＡに行った。女子は２０２１年の東京オリンピックで銀メダルに輝くなど、予選を突破することに懸命だった時代とは違った景色の中にいる。これまでは日本人選手がNBAのチームに入団することは奇跡的な出来事と見られていた。実際、田臥勇太が2004年に日本人として初めてNBAプレイヤーとなってから、2人目の渡邊まで14年を要している。だが、Bリーグの誕生を機に流れは変わってきたように思う。日本では『スラムダンク』『黒子のバスケ』などのマンガ、アニメがひとつの流れを作り、それを背景にして中学、高校の部活としてのバスケットボールが盛んだ。

またバレーボールも卓球同様、復活の途を辿っている。とくに男子はアジアではアイドル的な存在になりつつあり、これまでと違う注目を集めるようになった。2024年のパリオリンピックでは男子がベスト8、女子は9位だった。今後はまだまだ上位を狙える状況にある。こちらもマンガ、アニメの『ハイキュー!!』が世界で注目されている。もともと『サインはV!』『アタックNo.1』が女子バレーボールを題材に1960、'70年代に国内で好評を博したが、バレーボールマンガ、アニメも脈々と続き、バレーボールというスポーツをフォローする形になっている。

先述したように球技は中学、高校の部活、全国規模の競技大会、そしてそれに加えて全国、地方の競技団体の組織力などが下支えして現状があると思われるが、それとプロ化が大きな変化を与えた。つまり日本の球技大国の途は全体的に見ると、プロ化からステージアップが始まったといえよう。それまでは競技者は一般的にはチームを持つ企業に所属する社員だった。

企業に所属する競技者は現役を引退しても、その後の社員としての人生が保証されるというメリットがある代わり、高額報酬を得ることは難しい。ただ世界中の競技者がプロ化する中、日本だけが旧体制を維持するのは現実的ではない。この部分でもグローバルスタンダードを踏襲し、国内競技を盛り上げ、かつ競技者に海外での活躍の機会を与えるためには不可欠の転換だった。

野球は戦前の職業野球の時代からプロ化がなされており、それと並行して社会人野球が存在して、現在に至る。野球は他の球技に比べて、歴史的なアドバンテージを持っていることで、国民的なスポーツとして位置付けられ、「ベースボール」ではなく、日本の造語である「野球」という競技名が定着したと考えられる。

しかしながら最近の日本の球技の海外での活躍には瞠目せざるを得ない。今後はサッカーのワールドカップをはじめとした国際大会でさらなる実績を残すことも夢ではないだろう。そのためには現在の人材育成システムをさらにイノベーションさせていかなければならない。そして政府、各種競技団体の一層の努力も求められるに違いない。

スポーツとマナー

日本のスポーツを象徴するのはスポーツマン精神であり、相手をリスペクトする点にある。日本の武道は「礼に始まり、礼に終わる」とされる。ＭＬＢの大谷翔平がその体現者の代表だろう。審判や対戦相手の監督などに行う挨拶は米国でも注目されており、またフィールドのゴミを拾うことや塁上での相手選手とのコミュニケーションにも注目が集まっている。礼節を大切にする彼はカナダの教育研究者にも称賛されている。

これは日本の「おもてなし」の精神にも結び付く、自分より他人を大事にする気持ちにもとづくものだが、個人主義の国には珍しい文化なのかもしれない。現実の日本社会の中でそれが隅々まで反映されているとは限らないが、他国に比べるとその傾向は顕著である。治安の良さ、街が清潔といった面にもその精神が生きていることに疑いの余地はない。

例えばサッカーのワールドカップの試合後の、日本チームのロッカールームの佇まいも度々、海外のメディアから称賛されている。綺麗に整理、整頓され、テーブルには感謝のメッセージに折鶴が添えられている様は美しい。またサポーターの試合後のゴミ拾いも同様だ。これも一種の礼節の体現であろう。他人が次に使うときに気持ち良く感じられるようにという思いからの所作である。

この背景には日常の礼節に対する日本人の考え方があると思われるが、ことスポーツに関しては学生時代の部活が大きく影響しているに違いない。さすがにスパルタや体罰は過去の話だが、それでも一定の礼節に関する指導はなされている。技術的な面での人材育成に加えて、このような面での指導は極めて重要である。

日本のスポーツの隆盛を支えているのは、このような部活、もしくはそれに準じた活動だが、精神面を重視する傾向が強調されているという印象がある。「試合を楽しむ」ためには、周囲にさまざまな配慮ができるという前提があるが、そこを指導者も意識しているのだろう。そしてそれがファンやサポーターの行動にも結び付いているのかもしれない。

　日本のスポーツの源流はやはり日本の武道にあるように思われる。武道は本来、個人競技だが、それがチームスポーツにも波及しているともいえる。他人を慮《おもんぱか》る気持ちは相手のみならず同じチームのメンバーにも当てはまる。チームスポーツの大半は海外からの導入になるが、そこに日本古来の考え方が取り込まれたものに違いない。つまり日本の文化コンテンツのひとつの特徴であるカスタマイズがなされたと解釈してもいいだろう。

　競技の優劣を問うのも重要だが、それ以上にマナーは注目されるべきだと思う。マナーは民度の反映でもある。日本はこの部分を大事にしなくてはならない。今後、さまざまな競技において成績の浮沈はあるだろう。しかし、それに一喜一憂するよりはマナーのレベルを維持すべきだと考える。つまりそれが日本のスポーツを他国とは違うポジションにしていることを認識すべきだ。スポーツは競技だけではなく、競技者、サポーター、ファン、それぞれのマナーを含めて評価されるものなのである。

　また２０２４年に私財を投じ、出身高校の隣に米国の最新鋭の機器を導入した練習場を作った菊池雄星のように、自らの出身地や出身校への感謝を欠かさない行為も日本のスポーツの美徳のひとつといえるだろう。母校の甲子園出場時の差し入れ、練習時の用具、マイクロバスの提供などＯＢの貢献は大きい。この習慣も継承できれば、日本のスポーツのステイタスは保持できるはずだ。

第5章

海外から「美徳」と思われる点

治安の良さ

インバウンド観光客を含めて海外からは日本の治安の良さは高い評価を受けている。さまざまな調査で、最上位とはならなくとも、上位にいるのは間違いないだろう。例えば欧米の先進国でも夜間は一人で歩かないほうが賢明だし、銃撃、テロの恐れもある。また都市によっては治安が悪いエリアも存在する。ホームレスや麻薬中毒者に遭遇することもあるが、同じ先進国である日本では比較的、安全性は担保されている。

ましてや発展途上国においては盗難、犯罪の多発する国も多い。海外を訪れる旅行者にとって、訪れる国の治安は選択のひとつの指標にもなっている。身構えながら旅をすることは苦痛を伴う。旅行本来の目的と乖離することにもなろう。そういう意味では海外から日本の治安の良さは定評があるので、旅行者の選択肢としてこの点は大きなアドバンテージになってもいる。

とはいえ、近年、日本でも凶悪犯罪が増えており、日本も完璧ではない。この点は憂慮すべきだろう。犯罪の質の変化といえばいいのだろうか。報道されるニュースを毎日見ていると、本当に凶悪犯罪が増えたという印象が強い。米国のように銃の保持が許可されているわけではないのに、少々、将来に不安が残る事態となっている。

警察庁の犯罪統計によれば、２０２４年の刑法犯認知件数は73万７６７９件に上り、３

年連続で前年を上回った（前年比4・9％増）。凶悪犯は7034件（前年比22・3％増）、詐欺の認知件数も5万7324件（前年比24・6％増）と大幅に増えている。

それでも、海外と比べると、治安はそれ相応に担保されているようには見えるが、盤石ではない。ただインバウンド観光客にはまだ十分、一定の安心感はあるのだろう。ましてや「落とし物が戻ってくる」とか、「道に迷っても日本人は丁寧に教えてくれる」などの定説があることがイメージを支えていると思われる。これも動画共有サイトやSNSでしばしば見かける神話的なものだ。

また日本ではデモも珍しい。海外では頻繁に起きる国もあるが、日本では暴動もほとんど起きない。よく「平和ボケ」という言葉が日本では使われるが、これは対外的な有事に備えるという点のみならず、日本国内の空気感にも適用されるはずだ。これが果たして良いことなのかの判断は難しいが、ただ穏やかな国としての海外での受け止め方に結び付いていることに疑いはないだろう。

秩序・規範の保持

治安の良さは社会秩序、規範の順守がなされているということでもある。海外では日本の駅のホームで列をなして電車待ちをしている光景や、駅のエスカレーターで片側を空ける光景などが動画共有サイトで紹介されている。このような社会秩序、規範の順守はやはり他人を慮っての行為になるだろう。

このような習性は日本人にとっては至極、当然のことであり、子供の頃から身に付いたものだ。例えば小学校では勉強以外に教室の掃除、給食当番などの集団行動を通じて、他人への配慮を学んでいく。これが日本人の美徳の涵養《かんよう》につながっていく。つまり他人に迷惑をかけないことが尊ばれるのである。

電車の車内でも大声を立てる人はあまりいない。長距離電車以外では食事をする人の姿もほぼない。老人や身体の不自由な人には席を譲ることも当たり前だ。電車の中では日本特有の秩序が存在する。米国の鉄道は、地下鉄も含め、都市によっては夜間の行動には危険が伴う。秩序以前に、自分の身を守るほうが肝心だ。

筆者の経験上、中国、韓国、台湾での鉄道の車内にそれほど大きな差異はない。日本ほど静かではないが、米国とは相当違う。個々の国の一定の秩序のなせる業だ。ただもうひとつ不思議な点は電車の車内はもとより、日本では市中でも軍服の姿を見ない。横須賀、佐世保、自衛隊駐屯地周辺などは自衛官や米国軍人の姿を見かけることもあるが、例えば東京ではほとんど見ない。防衛省のある市ヶ谷でもだ。

おそらく第二次世界大戦が終わるまではそうではなかっただろう。古い記録映像には軍服を着た軍人が映り込んでいたりもする。しかし海外に行くと、軍人の姿を見かけることは多々ある。日本は専守防衛のための自衛隊がありこそすれ、正規の軍隊は持っていないことになっている。このことが理由なのか実際はよくわからないが、他国に比べると不思議な日常風景が広がっているということなのだ。

少々、脇道に逸れてしまったが、このような素養は躾と関連性があるのだろう。一般的には江戸時代以降の日本では躾は各家庭において祖父母、両親によって孫や子供に対してなされてきたものが源流とされる。その後、明治期に学校での修身教育が始まり、躾は家庭と学校との双方での補完がなされた。終戦までは修身教育の影響力のほうが大きくなったが、戦後は再び家庭に依拠することとなった。

ただ近年では、かつてのようなシステムは崩壊の一途を辿っていることから、躾においては不安視する声も大きい。それでも大きな流れは現在でも存続している点は多い。それが他人への配慮に結び付いていると見て取れる。しかしこのまま維持できるかは、家庭、教育の両軸で改めて考える時期に来ているのかもしれない。

利便性

日本の交通システムは極めて評価が高い。新幹線に象徴される安全性、そして定時運転だ。緻密に、規則正しく日本の交通システムは仕上げられている。また大都市では鉄道、地下鉄、バスなどの組み合わせによって、観光地を巡る際にも比較的、利便性が高いとされる。とくに交通網の発達した東京はその代表格だろう。確かに新宿駅など一部の駅では乗り入れが多いので、困惑するインバウンド観光客も少なくはないが、それでも行先表示、案内所などでその欠点は補完されている。

またタクシーも地方都市では流しが少ないが、駅や都心部ではタクシー乗り場もあり、そこまでの苦労はないだろうし、東京をはじめとした大都市では利便性が高い。タクシー料金はアジア諸国の中でも高額なほうだが、公共交通機関のみでも十分に移動できる。またインバウンド観光客は安価なＪＲのジャパン・レール・パスも利用できる。

そして、交通システムにもまして外国人から評価が高いのは、日本のコンビニエンスストアであろう。24時間営業の店舗も多く、都市部では店舗数も多い。インバウンド観光客にとってはホテルの近くにコンビニエンスストアがあることは安心感にもつながるだろう。また日本のコンビニエンスストアでは、食品や飲み物だけでなく、日用品、雑誌、薬、宅配便、郵便、各種チケットの購入、ＡＴＭの利用、コピー機の利用など、さまざまなサービスがあり、インバウンド観光客には便利な存在になっている。また海外のコンビニエンスストアではアルコール販売を禁じている国も多いが、日本ではアルコール販売も許可されている。

２０２１年の東京オリンピック時、米国の「ニューヨーク・タイムズ」紙は同年８月１日、「メダルに値する食事を見つけたとき」という記事で、日本のコンビニエンスストアの素晴らしさを、一面及びスポーツ面で絶賛した。同紙の記者もプレスセンター、ホテル間に３軒のコンビニエンスストアがあるといい、記者だけではなく、アスリートも頻繁に立ち寄っていると記した。当時はまだ感染症対策のため飲食店に足を向けることが憚《はばか》られ

観光地のコンビニエンスストアでは外国人が列をなすことも（北海道・ニセコ）
写真：時事通信フォト

る中で、コンビニエンスストアがアスリートたちの拠りどころだったとのことだ。

またカナダの放送局ＣＢＣのスポーツ記者は、当時、コンビニおにぎりの包みをうまく開けられずに困惑する動画を投稿した。動画はそれ以来、再生回数を増やし、これに反応してセブン‐イレブン・ジャパンはおにぎりの正しい開け方についての動画をアップした。

もちろん現在でも日本を訪れる観光客は動画共有サイト、ＳＮＳなどでコンビニエンスストアを紹介し、高い評価を与えている。円安で観光客にとっては金銭的な負担が少ないにもかかわらず、毎日、食事はコンビニエンスストアで購入するという者もいる。同時に「デパ地下」に言及する者も多い。これも利便性と品質に注目が集まっているが、中にはプラスティックの多さやビニール袋の環境への影響に言及する者もいる。

利便性でいうと、日本の至るところに設置されている自動販売機も海外から高評価を得ている。アルコールの販売は少なくなったが、それでも飲料だけではなく、食品、花などの自動販売機も散見できる。かつては硬貨で購入したものだが、現在ではカードをはじめさまざまな支払い方法に対応できるものが主流になっている。

最近は東京を見ていると、観光案内所も相当数増えたようだ。これもインバウンド観光客には利便性が高い装置だ。ＪＮＴＯ（日本政府観光局）認定外国人観光案内所は２０２４年度で、東京では１３２カ所、全国では１５１４カ所なので、１割弱が東京に集まっている。日本最大の観光都市といわれる所以だ。ちなみに京都は36カ所の設置である。もちろん多言語対応がなされている。

観光案内所の場所もTokyo Tourist Informationなどのポータルサイトで紹介されている。またインターネットでの観光案内も適宜、整備されてきており、観光スポット、アクセス方法などの情報を提供、こちらも多言語対応が始まっている。同時に交番や交通関係の案内所も機能していることも見ていく必要があるだろう。

日本人としては当たり前のことのように捉えていることが、外国人の目からは特別に見えるのだろう。利便性は基本的には各企業の努力の結果であり、頭が下がる思いである。ただ鉄道もコンビニエンスストアも日本発ではなく、例によって日本でカスタマイズされたものである。つまり日本の消費者に合わせて改良して現在の形になっている。それを見て外国人が感嘆の声を上げる。ここにも他人を思いやる精神が宿っている。利便性を支えているのはその部分だ。消費者に迷惑を掛けないように、また彼らの欲求に可能な限り応えられるように、企業は日々、努力を続けている。

そしてそれは日本人にばかり向けられるものではなくなってきている。2000年初頭までは考えられなかった状況だ。どこの街を歩いていても外国人旅行者に遭遇する。新型コロナによって、一時期は遠のいていたが、ピーク時を超えつつある。彼らは日本人でも気が付かないことにも感動してくれる。さらに好感度の高い国にするための方策を国、地方自治体、企業、一般市民で考えていかなければならない。

もちろんインバウンド観光客の増加によるオーバーツーリズム関連の問題も多発しつつあり、同時にこの点も考えていかなければならないだろう。

清潔さ

外国人はよく日本の都市は綺麗だという。路上にゴミが落ちていない点を評価し、同時にゴミ箱がないことに驚く。確かにそうだが、これは1995年の地下鉄サリン事件以降のことだ。ただ一連のテロでゴミ箱が使われたのは、駅トイレ個室内のゴミ箱に青酸ガス発生装置が仕掛けられた新宿青酸ガス事件だった。これを機に一時的に駅などの公共空間からゴミ箱が消えることになる。

しかし間もなくゴミ箱は再配置されることになるのだが、2004年に起きたスペインのマドリード列車爆破テロ、2005年に起きたイギリスのロンドン地下鉄、バスの同時爆破テロを受けて、日本でも鉄道テロに備えてのテロ対策がなされることになる。そして首都圏の鉄道各社は駅構内からのゴミ箱撤去に踏み切る。

駅以外の公共空間、例えば公園のゴミ箱撤去に関しては、家庭ゴミが持ち込まれ、そこにカラスが群がるといった現象が生じ、地方議会でも取り上げられた。こちらはいわゆる美化のための対策だったと思われる。テロ対策としてのゴミ箱撤去ではないようだ。ただ結果として都市ではゴミ箱が姿を消したという現状につながった。

また、街路も整然としていて綺麗だと外国人観光客から評価されているが、これはタバコのポイ捨て禁止などの啓蒙と市民レベルでのモラルに支えられている。しかしこれは日本人の民度、すなわち他人にとっても快適な空間を意識しての行動の所産になる。確かに完璧とはいえないが、諸外国と比較すると街路は綺麗に映るのだろう。

公的、ボランタリーベースでの道路清掃活動も重要ではあるが、今後は市民個々人の美化意識の醸成が一層、求められる。他国との比較といった視点からの議論では物足りない。完璧に徹底されているかというと、そこまでには至ってはいない。絶えずモラルの向上に努めることが必要であろう。

これらはあくまで外国人観光客の目にそう映るだけに過ぎない。日本人としては現状に満足せず、さらなるモラルに支えられた美化意識を啓蒙していかなければならない。

第6章

外国人が抱く日本人像の背景を探る

日本論、日本人論は世の中に数多ある。以下に筆者が影響を受けたものを幾つか紹介する。それぞれに共通する日本、日本人の美徳や特徴もあるが、また違う視点で捉えているものもある。ただ共通項を認識することは重要だろう。そしてそれは日本の文化コンテンツの背景に紛れもなく存在している。

これらの書籍は諸外国から見たかつての日本人の姿を分析したものが多いが、それを知ることで、日本の文化コンテンツの表現の隅々に現れている、日本・日本人の特徴が理解できるはずだ。

少々、時代を経てしまった著作もあるが、それでも改めて目を通すと、納得のいく部分も多い。『葉隠』の一節に有名な「武士道と云うは死ぬことと見つけたり」という一行があるが、これはこの一行だけがひとり歩きをしてしまった観がある。

前後を含めて現代語に意訳した『Samurai Style』（２０２３年８月１日 https://samuraistyle.jp/hagakure/）によれば、「武士道とは、死ぬことだと悟った。二つに一つの決断を迫られるような場面では、より死に近しいほうを選んでおけば話は早い。細かい事に煩わされず、腹を括って取り組めば良い。（中略）毎朝毎夕、死の覚悟を新たにして、常に死んだつもりでいる時は、武士道から自由の境地を得て、生涯失敗することなく、職務を全うできるだろう」としている。

言葉とは、その前後を理解して初めて意図が理解できるということなのだろう。すなわち紹介する書籍も同様だ。本稿では要約、主旨を紹介するにとどめるが、ご興味のある向きは精読してほしいところだ。筆者もどこまで理解しているのか、少々、覚束ないところもあるが、折に触れては再読してみたいと考えている。

新渡戸稲造『武士道』日本人の精神基盤

欧米の日本論として最も浸透したもののひとつだろう。『武士道』はドラマ『SHOGUN将軍』の底流に存在していると読む人も多いと聞く。新渡戸《にとべ》稲造《いなぞう》は1862年に岩手県に生まれ、札幌農学校（現：北海道大学）を卒業後、帝国大学（現：東京大学）へ進学、中退し、米国に留学する。その後、札幌農学校に奉職、ドイツに官費留学する。札幌農学校の学生時代にキリスト教の影響を受け、当時の日本人としては国際感覚を持った逸材だった。『武士道』は1900年に米国で出版され、やがてフランス語、ドイツ語にも翻訳されベストセラーになった。

『新訳 武士道 ビギナーズ 日本の思想』（新渡戸稲造著、大久保喬樹訳、2015年、KADOKAWA）

新渡戸は札幌農学校を辞した後は台湾

に渡り、製糖業の振興に携わり、また帰国後は京都帝国大学（現：京都大学）、東京帝国大学で教鞭を執り、第一高等学校の校長を務め、１９２０年には国際連盟事務局次長に就任、まさに国際人を地でいった人生を歩んだことでも知られる。１９８４年発行の五千円紙幣に肖像が使用されたことを記憶している方も多いだろう。

さて『武士道』は新渡戸が日本の道徳観の根底にあるとされる「武士道」を西洋哲学と比較しつつ、日本人の精神基盤について海外に向けて紹介したものだ。彼はその中で「武士道」を簡潔に表現すると「武士の掟」、すなわち「高き身分の者に伴う義務」としている。そしてその背景には神道、仏教、儒教があるという。

「武士道」は仏教からは「死を恐れない落ち着き」、神道からは「愛国心、忠誠心」、儒教からは「五倫」「知行合一《ちこうごういつ》」といった点で影響を受けているという。

彼は「武士道」の要諦となるのは「義」「勇」「仁」「礼」「誠」「名誉」「忠義」という徳だと述べる。「義」は卑怯、狡猾な行いはせず道理に従って貫く正義のことであり、「勇」は正義をなすための勇気である。「仁」は慈愛のことで他人を思いやる優しい気持ちである。「礼」は礼儀のことで、その根底に「仁」があるとされる。「誠」は正直であること、「名誉」とは、恥を知り高潔な生き方により名声を得るということだ。「忠義」とは、主君に対する服従や忠誠のことである。

日本ではこの考え方が現在にも多少なりとも生きている。「武士道」は人としての哲学であり、かつ美学ということになろうか。ただ現代に武士はいない。また現実的には「武士道」の教えに背く実例も多々ある。しかし新渡戸が「武士道」に注目し、海外に日本人とは何かということを説明するためには、当時としては適切だったのかもしれない。もちろん反論もあったようだが、『武士道』が現在でも版を重ねて出版されている事実は重要だ。

谷崎潤一郎『陰翳礼讃』日本人の美意識

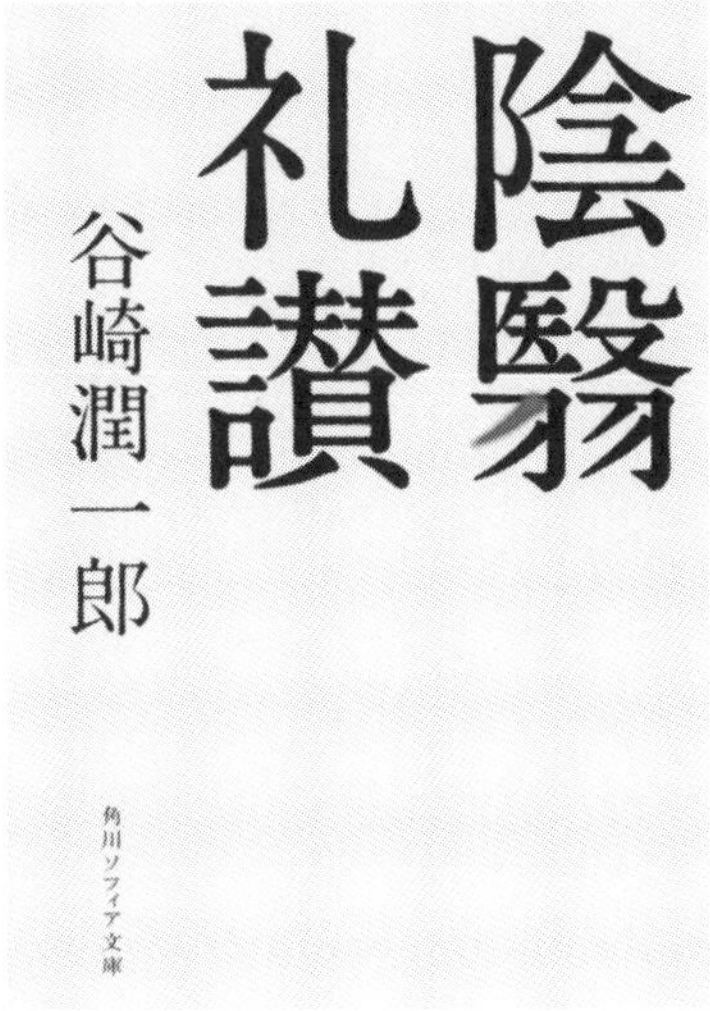

『陰翳礼讃』（谷崎潤一郎著、2014年、KADOKAWA）

『陰翳礼讃《いんえいらいさん》』は作家、谷崎潤一郎の随筆である。単行本は１９３９年に出版された（創元社、のちに角川文庫など）。彼は当時、西洋の文化に影響され、大きく変化していく生活様式の中で失われていく日本特有の美意識や趣味生活について本書で論じている。

　つまり西洋の文化では可能な限り部屋の隅々まで明るくし、陰翳を消すことに執着したが、古来の日本ではむしろ陰翳を認め、それを利用することで陰翳の中でこそ映える芸術を作り上げたのであり、それこそが日本本来の美意識の特徴だと主張している。

具体的には建築、照明、紙、食器、食べ物、化粧、能や歌舞伎に用いる衣装などについて、陰影の考察がなされ、戦後、1955年に米国で翻訳され、またフランスでも翻訳された。とくにフーコーなどのフランスの知識人に大きな影響を与えたとされる。

彼はまず日本の漆器を取り上げ、その美しさは例えばほの暗いぼんやりとした薄明りの中で、初めてその美しさを見出すことができると指摘している。料理も陰影の中で感じられる美しさを大事にしていると述べる。つまり闇があるからこそ日本の文化は成立しているということだ。西欧文化との違いを陰影と光の共存と捉え、それを日本人の美意識とした。

この背景には明治維新以降、急速に日本人の生活に浸透してきた西洋文化への彼の危惧があったのだろう。彼は自らの歴史や伝統に合わない西洋の近代文明をそのまま取り入れなければならない日本の状況を嘆《なげ》いてもいる。

谷崎によれば西洋人は闇を嫌い、陰を払い除け、光を求める気質があるのに対し、東洋人は己の置かれた境遇に満足し、現状に甘んじつつ、その状況なりの美を発見しようとするとし、能、歌舞伎、人形浄瑠璃なども本来は陰影の中で、その美を極めたという。

『陰翳礼讃』では、建築、食事、厠《かわや》、女性などの美にそれぞれ言及しているが、印象的なのは障子についての見解だ。自然光を濾過《ろか》する障子越しの光はとても淡く、床の間の闇との対比が独特の空間美を作る。これが日本の美のひとつの象徴だろう。闇があって光があるという美の捉え方が日本人の美意識の底流に流れている。

谷崎は西洋文化の流入、浸透に危惧を覚えて、『陰翳礼讃』を執筆したが、そこから日本の美、それを支える美意識を浮き彫りにし、現代でも海外の日本研究においても重要な文献として位置付けられている。

彼が『陰翳礼讃』を世に問うてから、戦争を挟み、日本はさらに西洋化していくが、他国に比べると伝統文化の保存には高い関心を示している。日本文化の独自性を見ていくときに伝統文化はとても大事だ。そして西洋文化と伝統文化の適正なバランスが取れている国になっている。

一見、西洋文化と日本の古来の文化は隔《へだ》たりが大きいものの、時間をかけて融和に成功したと見ることもできる。海外からの観光客が感じる日本の魅力はこのモダンとトラディショナルとの調和にあるともいえる。

渡辺京二『逝きし世の面影』外国人の目に映った庶民の姿

この書籍は思想史家の渡辺京二《わたなべきょうじ》によって、1998年に発表され、その後、2005年に平凡社から出版されて話題を呼んだ。基本的には幕末から明治にかけて、来日した外国人の見聞の記録を集め、当時の日本人がどのような姿であったかを考察したものだ。『逝きし世の面影』の特徴としては外国人の目に映った当時の庶民の姿を紹介している点と、渡辺の視点から見た江戸から明治初期の日本を、文化を中心に記述している。

『逝きし世の面影』（渡辺京二著、2005年、平凡社）

谷崎の『陰翳礼讃』が明治以降の西洋文化の浸透により、押されていく日本文化を主題に据えたのに対し、渡辺はそれ以前のまだ西洋文化が流入する前の日本文化とそれを支える倫理観、価値観、美意識などを取り上げている。しかし、その大半が消滅してしまったものと渡辺は捉える。

幕末から明治初期に日本を訪れた外国人たちは、当時の日本人が日常生活において笑顔で、健康的であるという印象を持った。そして往来でも一定の秩序を保ち、他人に対しては親切に接し、絶えず不差別の心を持ち、子どもを無暗に叱責せず、動物とも優しく共存するとした。帝国主義のもとにあった欧米の人々は、驚嘆しながら謎めいた日本人へ視線を送っていた。明治初頭に来日したイザベラ・バードもほぼ同様の見解を記している。

しかし日本はその後、欧米に追い付け、追い越せという思想のもと、富国強兵政策を強化し、経済発展を標榜した。その延長線上に現代の日本があるといっても過言ではない。ただその結果、失ってしまったものも多い。

「私はたしかに、古き日本が夢のように美しい国だという外国人の言説を紹介した。そして、それが今ばやりのオリエンタリズム云々といった杜撰な意匠によって、闇雲に否認されるべきではないということも説いた。だがその際の私の関心は自分の『祖国』を誇ることにはなかった。私は現代を相対化するためのひとつの参照枠を提出したかったので、古き日本とはその参照枠のひとつにすぎなかった」と渡辺は平凡社ライブラリー『逝きし世の面影』のあとがきで述べている。

つまりあくまでこの書籍は「日本礼賛」本ではなく、当時の外国人の目に映った日本を丁寧に取り上げ、現代との相対化を図り、考察したものだ。多くの著名人、識者が本書を激賞したが、渡辺は市井の研究者として生涯を全うした。この点は極めて重要であろう。つまり彼は淡々とした姿勢で、歴史を眺めることに徹してきた。

本書は個々にはさまざまな批判も存在するが、全体的に読むと渡辺の意図も見えてくる。ともあれ当時、大きなインパクトを世間に与えた一冊であるという事実は揺らがない。決して江戸時代がユートピアであったという短絡的なものではなく、先述した現代との相対化を主眼とするものであるならば、日本、日本人論としては重要な論考であると考える。

青木保『「日本文化論」の変容 戦後日本の文化とアイデンティティー』

戦後の日本文化論の変遷

本書は文化人類学者の青木保《たもつ》によって1990年に公刊され（中央公論社、のちに中公文庫）、ルース・ベネディクト『菊と刀』から、カレル・ヴァン・ウォルフレンに代表される「ジャパン・バッシング」に至るまで、戦後の日本文化論の変遷を整理している。そこでは戦後日本のアイデンティティが、時代の要求によっていかに「日本文化論」「日本人論」の言説として形作られ実践されていたのかを丁寧に論じている。

青木は、戦後の日本文化論を4期に分けて論じている。西洋の先進国モデルや社会主義の発展段階論にもとづいて、1945－54年の日本の特殊性が否定的に論じられた「否定的特殊性の認識」の時代、1955－63年の加藤周一の『雑種文化』や梅棹忠夫《うめさお》の『文明の生態史観』に代表される「歴史的相対性の認識」の時代、1964－83年の日本の経済成長を背景に、「日本的経営」に代表される日本のシステムの優越性に注目の集まった「肯定的特殊性の認識」の時代、そして1984年以降の「特殊から普遍へ」の動向が現れる時期である。

彼は、日本文化論は開かれた普遍性を求めるよりも、特殊日本の肯定へと閉じられた方向に向かいがちであり、「日本の独自性」の神話が社会に流通することが、イデオロギー的な役割を果たしてきたことにも触れ、ルース・ベネディクトの「文化相対主義」的な観点を取り戻すことの必要性を主張している。

　青木は近代日本においては、欧米という他者の存在なしに、自己のアイデンティティを確立することができなかったと指摘する。こうした日本の自己認識は、日常生活の中に見られるあらゆる言説の前提として存在しているに違いない。これは政治の分野においても然りだろう。

　ナショナリズムとしての日本文化論に加えて、大衆消費財としての日本文化論の側面が強くなってきたのが１９７０年代だったといえるかもしれない。このように大衆文化財に人々が関心を集める契機になったのは、１９６７年刊行の鶴見俊輔の『限界芸術論』（勁草書房）だろうか。

　鶴見は専門家によって営まれる芸術を純粋芸術、専門家による大衆に向けてのものを大衆芸術とし、芸術を専門としないものを限界芸術とした。すなわち限界芸術は落書き、マンガ、花火、漫才、民謡などを指し、つまり普段の日常生活の中で実践し

『「日本文化論」の変容 戦後日本の文化とアイデンティティー』（青木保著、1999年、中央公論新社）

てきたものを示した。もちろん他の識者もその後、さまざまな見解を示すが、芸術は、一般市民も気軽に美術館、音楽ホールなどで権威性の高いものを享受するとともに、生産も行うことができることを示唆している。

この指摘には先見性が見て取れる。現代は専門家の存在は希少化されつつあるのかもしれない。インターネットの普及やコミックマーケットの発展など、以前に比べて作品の発表の場が増えたことで、専門家以外でも世に出ることは比較的容易になった。１９７７年に出版され１９８５年に日本で翻訳された、アルジェリア出身の経済学者、思想家のジャック・アタリ著『ノイズ　音楽／貨幣／雑音』（みすず書房）で示唆された見解に近い。

さて青木は１９４５－54年を「否定的特殊性の認識」の時代としているが、日本の知識人たちは日本の特殊性が欧米の近代化や民主主義などに敵わないと反省した者が多かった。そして敗戦後ということもあって、国は貧しかった。しかし市井の人々には飽くなき、それでいて謙虚な向上心があった。この時代が日本の転換期だとすれば、現代でも世界に誇れる企業の幾つかはここで誕生している。つまり日本の特殊性を生かし、欧米の考え方を取り入れるというスタンスが再確立したのだろう。

日本古来の伝統、思考により形作られた文化に、欧米の文化をミクスチャーして、カスタマイズする新たな日本文化の生産方法は戦後も劣化したわけではなく、現在でもその手法は日本の至るところに散見できるのである。

◉ 松岡正剛『日本文化の核心「ジャパン・スタイル」を読み解く』日本文化の柔軟性と多様性

「編集工学」を提唱し、日本文化研究の第一人者として活躍した編集者、著述家の松岡正《せい》剛《ごう》も日本の文化にさまざまな局面で発言してきたひとりだ。彼の著作でポイントとなるものは幾つかあるが、今回は２０２０年に刊行された『日本文化の核心「ジャパン・スタイル」を読み解く』（講談社）を取り上げる。16章で構成された本書は２０２４年に惜しくも亡くなられた博覧強記の松岡の、日本論の集大成というべきものなのだろう。

日本の文化コンテンツが国内外で取りざたされる昨今に「日本の哲学が浮上するということはなかなかおこりません。Jポップや日本アニメや日本現代アートに何がひそんでいるのか、そこをあきらかにするための日本文化や哲学は

『日本文化の核心「ジャパン・スタイル」を読み解く』（松岡正剛著、2020年、講談社）

ほとんど解説されはしなかったのです」と本書の「はじめに」で述べている。

この指摘には同感だ。文化コンテンツ作品の背景にある日本の文化を議論することは少なかった。やはりムーブメントに関心が集まり、現象面に焦点を当てる傾向が強かった。本書ではさまざまな視点から日本の文化を捉えているが、文化とは、その時代や地域に根ざしたライフスタイルや習慣の総体であり、人々の生活や考え方に深く影響を与えるものとし、日本文化は、その多様性と深さにおいて、伝統的な要素から現代的な現象までを含むという。そして日本文化の柔軟性と戦略的な対応を指摘している。

この多様性は宗教にも及び、日本の信仰文化は多神多仏という独特な形態を持っており、神社と寺院が共存することが一般的だ。神社と寺院が共存し、信仰の形が多様であることが魅力的であり、リミックスしながら日本は長い歴史の中で新たな信仰の形を作ってきたともいえる。そしてこの考え方は祭りや年中行事にも波及している。

また武道にも触れ、そこには独自の哲学が内在するとし、「技」から「道」として進化し、道徳や精神性に重要性を見出したと述べる。そして宮本武蔵の『五輪書』は、剣術、戦術の指南から哲学にまで言及し、日本の文化の深い理解に役割を果たしているとしている。

そして現代の事象にも触れ、「ポケットモンスター（ポケモン）」の誕生背景には、日本独自の創造性が息づいているという。ゲームやアニメで国際的な現象となったポケモンは、単なるカプセル怪獣から発展し、さまざまなアナログ、デジタルのコンテンツ作品へと展開して、ムーブメントを作った。このような革新的な発想は、のちに触れる李御寧（イー・オリョン）『「縮み」志向の日本人』が指摘するように、日本の「小さきもの」へのこだわりが背景にあるという。

さらに松岡は日本文化の深層を掘り下げる中で、都市部と地方の文化の違いに注目する。日本の地方には、それぞれの地域に根ざした独自の文化、伝統、そして地域の精神性があることを強調し、これらの文化的要素は、現代の「ジャパン・スタイル」を形成する上で重要な役割を果たしているとする。

つまり地方の文化や風土には、都市部にはない独自の生活様式や価値観が息づいており、これが地域活性化の重要な基盤となると考えられると述べる。そして地方創生において、こうした地域文化や特性を尊重し、それを活用することが重要で、日本文化の多様性を理解し、それぞれの地域が持つ独自性を大切にすることが、地方創生の鍵となると指摘している。

柴崎信三『〈日本的なもの〉とは何か ジャポニスムからクール・ジャパンへ』欧州におけるジャポニズム以降の系譜

柴崎信三《しばさきしんぞう》は日本経済新聞社退社後、ジャーナリストとして活躍、著作には美術文化や比較社会史の文脈のものが多い。本書は２０１５年に刊行され、19世紀末の日本の浮世絵、

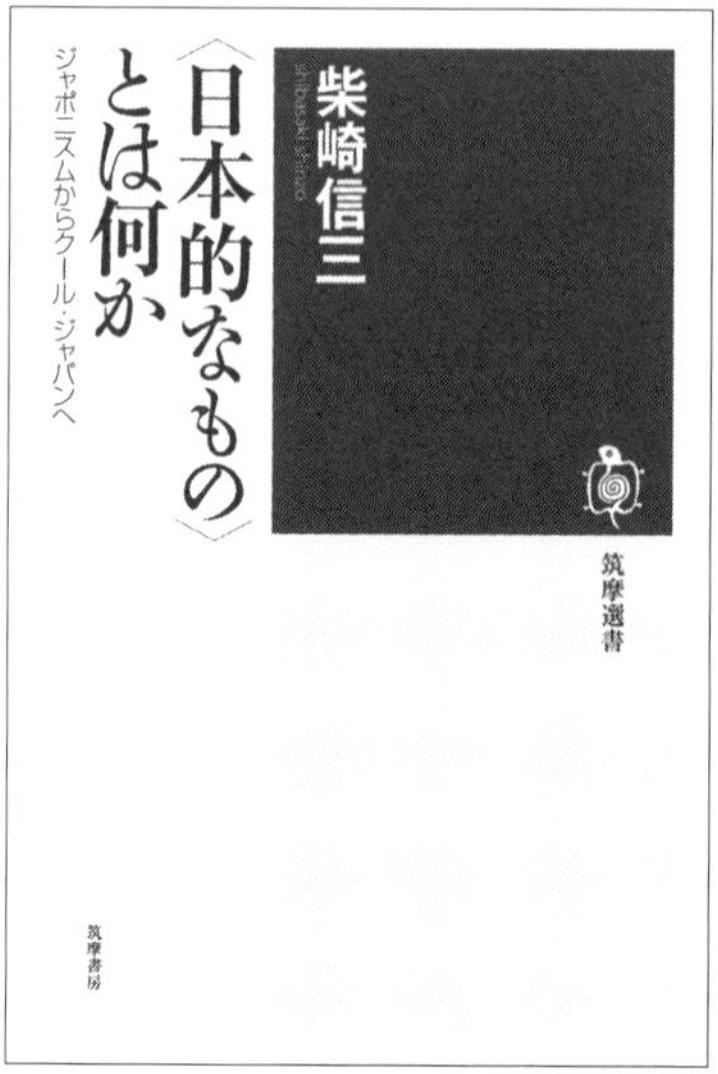

『〈日本的なもの〉とは何か ジャポニスムからクール・ジャパンへ』（柴崎信三著、2015年、筑摩書房）

陶磁器などに喚起された欧州のジャポニズムから、現代のアート、建築、アニメ、ファッションなどをクールだと捉える現代の欧米人、外国人の目から見た日本的なるものの核心は現在、どこにあるのかを問い、古今の関連事象を紐解き、答えを探そうとする試みがなされている。

　現在の日本化の源流を辿るアプローチによって、柴崎は日本的なものを探求していく。例えば最近だと2018年に刊行された宮崎克己『ジャポニスム 流行としての「日本」』（講談社）が19世紀後半に西洋を熱狂の渦に巻き込んだ日本ブームそのものに焦点を当てているが、柴崎はその日本ブームを背景にして、具体的には岡倉天心、山田耕筰、北原白秋、横山大観、藤田嗣治、辰野金吾、三島由紀夫、丹下健三、岡本太郎と主に日本人を軸にさまざまなエピソードを交えながら、ジャポニズム以降の系譜を辿りつつ、興味深い一冊となっている。補足すると「ジャパニズム」は英語に依拠する言葉であり、フランス語では「ジャポニスム」ということになる。

　おそらく「Japan Expo」に象徴されるように、かつてのジャポニズムの中心となったフランスでは、現在も日本のポップカルチャーに対する関心が極めて高い。短絡的かもしれないが、ジャポニズム以降の流れがそうさせているのだろうか。この点については今後、調べてみたいものだと考える。

欧州のジャポニズムは、１８５４年に江戸幕府がそれまでの鎖国政策を一転させ、日米和親条約の締結とともに開国し、人々の往来や貿易などが活発化したところに端を発する。そして日本の浮世絵、陶磁器、工芸品などが海を渡り、海外の人々に認知されることになる。またジャポニズムの第一段階は日本の美術品、とくに浮世絵版画の熱狂的な収集から始まり、１８７２年に美術評論家がその流行を「ジャポニスム」と呼んで解説し、その後、辞書にも登場、本格的な「ジャポニズム」の幕開けとなる。

当時、欧州の諸都市で開催されていた万国博覧会もこの潮流を後押しし、葛飾北斎や喜多川歌麿などがゴッホ、ドガ、モネなどに多大な影響を与えたといわれている。またのちにルイ・ヴィトンの製品に使用された市松模様や家紋風のデザインなどへの影響を見て取る向きもある。

そしてこのムーブメントはフランスからイギリス、米国にも及んでいった。彼らが魅せられたのは、日本の伝統的、かつ独自性を持った文化だった。それは当時の欧米の文化とはかけ離れているものだった。しかし日本は明治維新以降、欧化政策を進め、古来の文化は希釈されていく。

ただ日本文化の持つ美意識や価値観は現代の日本人の精神性の底流には未だ流れている。

それは筆者の願望に近いものではあるが、そう信じたい。西洋化の波に翻弄されながらも、しかしすべてが変わったわけではない。外国人が称賛する美徳、秩序の保持、他人へのリスペクトなどは失われていない、古くからの日本文化が影響している点だ。

そういった意味で本来の日本文化を考察していく上では、本書は意義深い著作だと捉えている。基本的に学術方面には寄っていないので、平易な文章で、わかりやすく書かれている。無理なく読める良書だといえよう。

ルース・ベネディクト『菊と刀』「恩」「義理」「恥」などによる日本人の行動規範

最も有名な外国人視点からの日本人論だろう。ルース・ベネディクトは米国の文化人類学者で、本書は1946年に米国で発刊され、日本では1948年に出版された。第二次世界大戦末期に米国の戦時情報局からの要請で、敵国日本人の行動を分析するために書かれたものであるという歴史的事実は重要な視座だ。当然、第二次世界大戦中ということもあり、ベネディクトは日本に来ることができなかった。つまり訪日せずに執筆したことになる。そこを指摘する声もあったが、逆に客観的な日本人論になっているという見方もある。

前掲の青木保は、米国における文化人類学研究において、従来の単純な未開研究から複

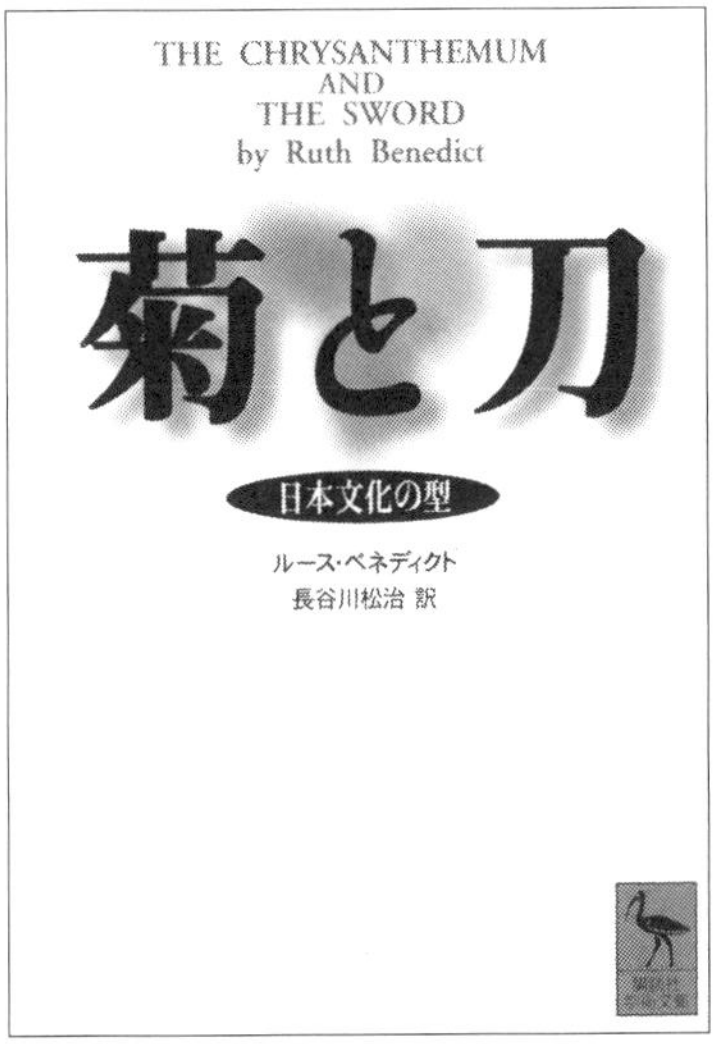

『菊と刀』（ルース・ベネディクト著、長谷川松治訳、2005年、講談社）

雑な複合社会研究へのパラダイム転換の突破口となった研究であると評価している。その特徴は「民族誌的現在の」としての日本人と日本文化の全体論的な研究にあり、のちの日本人論に大きな影響を与えたと評価している。

そして日本研究における特色は、従来の研究とは違い、どんな孤立的行動でもお互いに体系的関係を持っているという「文化の型」研究にもとづいて、「文化相対主義」の立場から、「米国もしくは欧米対日本」という意識的な比較を行おうとしたことにあるとする。

光文社古典新訳文庫の訳者である、角《つの》田《だ》安《やす》正《まさ》は訳者あとがきで、「本書のタイトルに掲げられている菊が象徴しているのは、自由を自制する戦中及び戦前の日本人の生き方のことだ」とし、また「刀は、狭義では刀を尊ぶという精神を持った武士の義務のことであり、広義では自己責任を全うしようとする日本人全般の強い意志のことだ」と述べている。

ベネディクトが当時の敵国であった日本を研究する際に資料として用いたのは、①「帰米」といわれた日系人二世たちへのヒアリング、②日系人収容所からの報告書、③夏目漱石の『坊っちゃん』などの英訳された日本の小説、④新聞、大衆映画、軍事的なプロパガンダなどだった。日本文化の分析という難題は、文化人類学的修練の結果与えられた「文化」概念によって可能になる、と彼女は述べている。

文化人類学の文化概念とは、①ある社会の成員による諸行動を有意味にする暗黙の前提となっている考えを分析する能力、②換言すれば日本において当然と見なされており、日本人にとり自然化している行動の前提を分析する能力、③自然化している行動とは、統覚しているにもかかわらず、あまりにも自然なため空気を吸うように、世界で起きる出来事を無媒体で透明に知覚すると錯覚させるほどに自然ということだ。

ベネディクトの指摘した行動の前提、つまり日本文化は「階級制」だった。この概念を説明するために、ベネディクトは「成金」という事例を提示する。日本社会の場合は、秩序と階層的な上下関係に信を置くため、成金は常にネガティブに捉えられがちだが、アメリカ社会の場合は、自由と平等に信を置くため、成金はポジティブとネガティブな意味を同時に意味するとした。

ベネディクトはアメリカ社会と比較しながら、日本社会は階層的な上下関係に信頼を寄せており、それが家族、国家、信仰、経済活動の基層となっていると指摘した。『菊と刀』では日本人が「応分の場を占めること」をどう理解しているのかに関してさまざまな事例が提示される。ベネディクトが主張している、日本人の行動の前提となるのは階級制であるという点は確固たるもののようだ。

また「恩」という考え方にも言及し、そこに2種類あると述べている。つまりひとつは天皇や両親に対する恩であり、もうひとつは金銭の貸し借りのような恩とする。後者でいえば米国が借金の返済に向けての強制力が機能するのに対して、日本では恩返しという力が機能している。そして義理を尽くす。

恩返しは義理という意味でもある。義理を果たすというのも日本人の社会生活の一端だとする。この過程の中に恥という概念が生じるのだろう。ベネディクトは日本が恥の文化であり、欧米の罪の文化と相対するという。罪の文化はキリスト教に集約される。つまり懺悔、贖罪によって、その罪の意識を軽くすることが可能であり、罪を犯した人は告白によって、重荷を下ろすことができる。

恥の文化は世間体を気にすることを指し、これが日本の文化の特徴と位置付けている。恥をかきたくないという気持ちの強い日本人は、周囲から笑われたくないので、常識的な行動を取る傾向がある。この点において集団主義とつながったという解釈も生じたが、『菊と刀』はアメリカ文化人類学では史上最初の日本文化論であるとされている。

李御寧『「縮み」志向の日本人』韓国人視点の日本人論

1982年（学生社）に刊行された韓国人視点の日本人論である。著者の李御寧は韓国

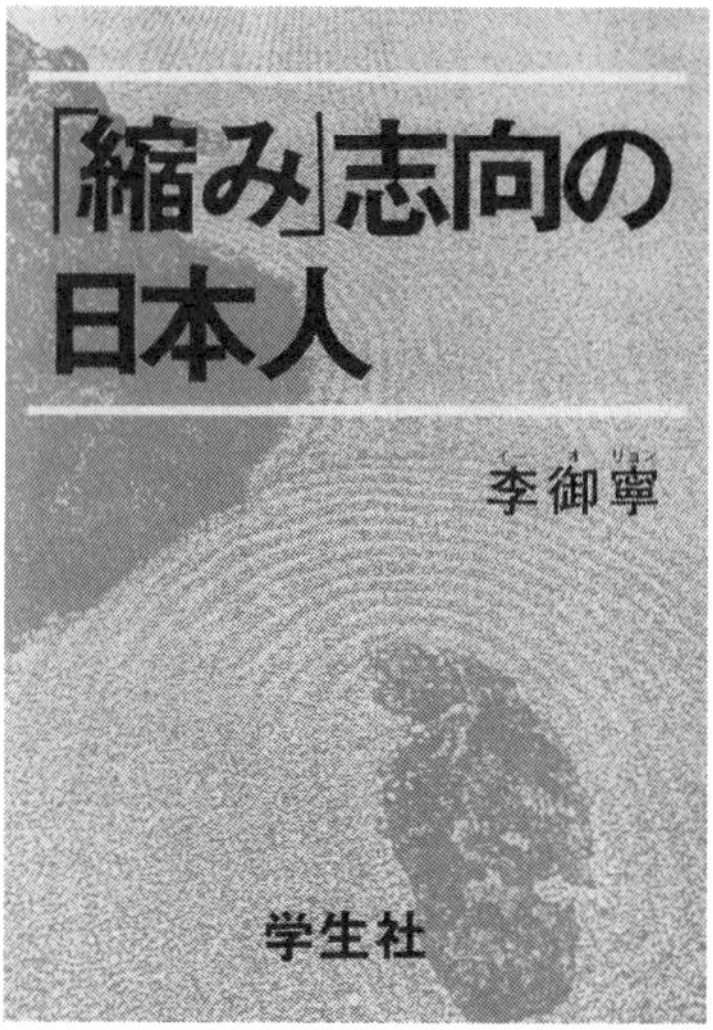

『「縮み」志向の日本人』（李御寧著、1982年、学生社）

の文芸評論家で初代文化相を務めた。本書では小さいものに美を認め、あらゆるものを縮めるところに日本文化の特徴があるとする。これまで海外に送り出された扇子、トランジスタなどはそうした日本人が創り出した独自商品だった。本書が出版されたのが、バブル前でまさに日本は経済大国として飛躍しようとしているときだった。

故に一寸法師から、盆栽、箱庭、茶室、俳句に至るまでを概観し、常に小さいものを希求し、小さいものを作っていく傾向が日本文化の特色だとし、それを前掲のトランジスタをはじめとするエレクトロニクス製品に言及していく。彼は、縮み志向の型を幾つかに分類した。入れ子型、扇子型、姉さま人形型、折詰め弁当型、能面型、紋章型の6タイプである。それらの縮みの類型によって、日本文化の特質を分析、考察した。

入れ子型とは大きな箱の中に小さな箱を入れる様、省スペース的発想のこと、扇子型とは折り畳むこと、姉さま人形型は取る、削るということ、折詰め弁当型とは、小さなスペースにさまざまなものを入れるということ、能面型とは柔道、剣道、弓道に見られる構えのこと、紋章型とは集団もイメージさせる象徴物のこと。
冒頭で李は石川啄木の歌集『一握の砂』の中の一首を取り上げる。「東海の小島の磯の白砂に　われ泣きぬれて　蟹とたわむる」だ。東海という広い海原から、小島、磯、白砂、蟹、涙と収縮していく様を「縮み」の議論展開の契機としている。また彼は扇子が具体的に「縮み志向」をより直接的に表現しているものだとする。団扇《うちわ》が中国、朝鮮から日本に伝播して、独自に発展したものだとされる。そして折り畳みという要素を加えたイノベーションが生じる。

扇子は外国人が土産に求める定番でもあるが、同時に日本の文化を象徴するものと捉えられてもいる。そしてこの折り畳みの発想はやがて戦後の折り畳み傘へと引き継がれていく。傘は本来的には折り畳むものではあったが、戦後の日本人はさらに折り畳む方向を模索する。手軽に持ち運べるものであり、かつより機能性を向上させる、これは同時期に開発されたラジオをはじめとしたトランジスタ製品も同様だろう。

まとめると「縮み志向」とは、日本人がしばしば自己を縮小し、過度に控えめ、謙遜に徹し、個人の意志や個性を抑え込む傾向を指す。李御寧は、歴史的背景や社会構造、教育制度などがこの「縮み志向」を形成してきた要因として取り上げている。日本社会は、個人よりも集団や社会との調和を重視する傾向が強いため、個人の自由や表現を抑制しがちだという点が批判的に述べられている。

彼は、「縮み志向」が日本人に与える影響についても考察している。この志向が日本人にとって良い面もあれば、逆に問題を引き起こす面もあると述べている。良い面としては、集団の調和を保ち、社会的な衝突を避けることで、円滑な人間関係を築きやすくなる点がある。しかし、悪い面としては、個人の意見やアイデンティティが抑圧されることで、社会的な変革や革新が難しくなる点が挙げられている。とくに、個人が自己表現を避けることによって、社会全体が停滞するリスクがあると警告している。

また、このような「縮み志向」が、グローバル化の進展や経済的な競争の中で、世界と積極的に接触し、自己主張を強化する必要がある現代において、かえって日本が他国に遅れを取る原因となる可能性があると論じている。

つまり李は日本人の精神的な側面や社会構造が、自己表現を控えめにさせる要因になっていると指摘している。例えば、過度の自己規制や、他者と同調することが重視される文化が「縮み志向」を生み出し、その結果、日本人はしばしば自分の意見や欲望を表に出すことを避けるという特徴を持っていると分析する。

李御寧は、日本が「縮み志向」を克服し、個人の意志や意見をもっと尊重する社会へと変化するべきだと主張している。

クロード・レヴィ＝ストロース『月の裏側 日本文化への視覚』
月が象徴する日本文化の特徴

青木も挙げた、ベネディクトの『菊と刀』から始まり、多くの識者が日本人論、日本論を上梓している。クロード・レヴィ＝ストロースもそのひとりだ。彼は文化人類学者として、絶えず日本の文化に言及してきた。『月の裏側』は、２０１４年に刊行された（中央公論新社）。基本的に神話の構造に関する考察だが、日本文化に関する分析もその一部で展開されている。彼が日本文化において「月の裏側」をどのように捉えているのかを理解するためには、まず彼が持っている神話や象徴の見方について知ることが重要だ。

『月の裏側』における月の象徴は、陰陽や昼夜、男性と女性といった二項対立の中で理解され、月が持つ陰的・女性的な側面、そして人間社会や文化における役割に焦点が当てら

『月の裏側 日本文化への視覚』（クロード・レヴィ＝ストロース著、川田順造訳、2014年、中央公論新社）

れている。日本文化における月の象徴性もまた、このような二項対立にもとづいている。

日本文化では、月はしばしば陰の象徴とされ、太陽と対をなす存在として描かれる。彼が述べるように、月は昼に対して夜を、光に対して闇を、男性に対して女性を象徴することがある。この二項対立は日本の自然観や神話、そして社会構造にも影響を与えていると考えられる。月はしばしば「陰の美」や「控えめな美」を象徴し、これは日本の美学や感性と深く結び付いている。

日本の神話では、月はしばしば神聖な存在として扱われ、月の神である「月読命《つくよみ》」や、月に住むウサギの伝承などがよく知られている。これらの神話において、月はしばしば人間と自然の関係、または生命と死の境界を示唆するものとして描かれる。月は「隠された面」を象徴することが多く、「月の裏側」というテーマもその隠された神秘的な側面と関わりがある。

月はまた、日本の詩や美術において重要なテーマだ。例えば、俳句や和歌では月の美しさがしばしば称賛され、その寂しさや儚さも強調される。日本の月に対する感覚は、彼が指摘する「月の裏側」の象徴とも関連しており、月が常に完全に見えることはないという点が、未完成の美、あるいは無常観と結び付いている。

ストロースの「月の裏側」という概念を日本文化に照らして考えると、月の裏側が象徴するものは「隠された面」「理解しきれない部分」や「見えない美」として捉えられるだろう。日本文化における月は、しばしば表に出ることのない内面的な側面や、日常から少し外れた神秘的な美しさを表現するものとして理解されている。これが「月の裏側」としての象徴的意味に通じる部分であり、月そのものが文化的に特別な意味を持つ理由のひとつだ。

彼が月を通じて示すように、「見えない部分」や「隠された意味」を考察することは、文化や社会の深層に潜む原理や構造を理解する手がかりとなる。日本の月に関する象徴もまた、表面的な美しさの背後にある深い意味や、隠された真実を探る試みの一環として理解できる。つまり「月の裏側」を日本文化に照らし合わせると、月の象徴が持つ「陰」「隠されたもの」「未完成の美」といったテーマが日本の美学や思想、神話と深く結び付いており、月そのものが文化的、象徴的に非常に重要な役割を果たしていることがわかる。

サミュエル・ハンチントン『文明の衝突』「一国一文明」の日本

米国ハーバード大学教授で国際政治学者であるサミュエル・ハンチントンが著した『文明の衝突』（翻訳版：1998年、集英社）は、1996年に発表された国際政治に関する理論的な著作だ。この著作でハンチントンは、冷戦終結後の世界秩序における新たな対立軸として、国家間の対立よりも「文明間の対立」が重要になると提唱している。

まずハンチントンは、「文明」を文化的、宗教的なアイデンティティを共有する広範な

『文明の衝突』（サミュエル・ハンチントン著、鈴木主税訳、1998年、集英社）

社会集団として定義している。彼は、世界の主要な文明を8つに分類した。①西洋、②中国、③日本、④イスラム、⑤ヒンドゥー、⑥スラブ、⑦ラテンアメリカ、⑧アフリカ、だ。

ここで日本がひとつの文明圏として位置付けられていることが注目される。つまり日本の文化的独自性として、例えば日本語の言語小説が他のアジア諸国の言語小説とは同じではないなどの点が強調されている。さらには日本は神道や天皇の存在を核とした独自の文化を形成、それは中国文明とは全く異質なものだとし、日本文明を一国で完結している「一国一文明」と主張している。

これらの文明は、宗教、言語、歴史的な背景にもとづいており、それぞれの文明が独自の価値観を持ち、世界政治の中で対立する要因になるとハンチントンは主張する。ハンチントンの論の中心的なアイデアは、今後の世界では国家間の対立ではなく、異なる文明同士の対立が重要になるということだ。とくに、イスラム文明と西洋文明の間での衝突が強調される。この対立は、宗教的・文化的な価値観の違いから生じるものとされている。

また冷戦が終結したことで、イデオロギーの対立（資本主義対共産主義）から文化的・文明的な対立が重要な問題となるとハンチントンは指摘する。彼は、冷戦後に起こった紛争や対立（例えば、ボスニア戦争や中東の紛争など）が、単なる政治的な対立ではなく、異なる文明の間での対立であることを強調している。

ハンチントンは、米国やヨーロッパを中心とする西洋文明の影響力が衰退し、とくにイスラム文明や中国文明など、他の文明が台頭していることも指摘している。彼は、こうした文明の台頭が、国際関係に新たな緊張をもたらすと考えた。日本文明の台頭も象徴的なことであるかもしれない。

ハンチントンは、文明間の対立を避けるために、対話と理解が必要だとも述べているが、また彼は基本的には文明間の対立が避けられないと考えており、文明ごとの独自性を尊重する重要性を訴えている。

『文明の衝突』は多くの議論を呼んだ。批判者は、ハンチントンが文明の対立を過度に強調し、実際には異なる文化や価値観を共有する点が多いことを無視していると指摘している。また、文明という概念が非常に広範で曖昧であり、実際の国際関係では複雑な経済的・政治的要因が対立に影響を与えていることを強調する声もある。一方で、ハンチントンの指摘は、現代の国際関係、とくに中東やアジアの問題を理解する上での重要な視点を提供したとも評価されている。

また文明は包括的な概念であり、広範な文化のまとまりであると考えられる。文明の輪郭は言語、歴史、宗教、生活習慣、社会制度、さらに主観的な自己認識から見出される。人間は重複し、またときには矛盾するアイデンティティを持っているために、それぞれの文明圏に明確な境界を定義することはできないが、文明は人間のアイデンティティとして最大限のものとして成立している。だからこそ文明は拡散しても消滅することはなく、ある一定のまとまりを持って存在している。もちろんハンチントンの考えに否定的な向きも少なくはない。

ドナルド・リチー『イメージ・ファクトリー』 新しいイメージを求める日本人

『イメージ・ファクトリー』は、米国の映画評論家、映画監督ドナルド・リチーによって2005年に翻訳出版された著作（邦題：『イメージ・ファクトリー 日本×流行×文化』青土社）で、広告業界がどのように大衆の意識を操作し、消費社会を構築したかを詳細に分析した重要な社会学的研究だ。この著作は、戦後、GHQのタイピストとして日本に関わり、長きにわたって日本を観察してきた彼の視点から見た日本論だ。

1960年代から1970年代にかけて、米国では消費主義が急速に広がり、広告業界の影響力が増していた。この時期、企業は商品の販売だけでなく、消費者のライフスタイルや価値観そのものに影響を与えようとするようになる。リチーは、この現象がただの商品販売を超えて、大衆の意識に深く根差した文化的な構造を作り上げていることを指摘した。

リチーは、広告業界を「イメージ・ファクトリー（Image Factory）」と呼び、これが単なる商品やサービスの販売を目的とするだけでなく、消費者に特定の「イメージ」を植え付け、社会的な欲望や価値観を形作るメカニズムであると論じた。

広告は物理的な商品やサービスを売るだけでなく、消費者が「欲しい」と思うイメージを創り上げる。例えば、商品が特定のライフスタイル、社会的地位、あるいは個人的な満足感を提供するかのように描かれることが多い。リチーは、こうした「イメージ」が広告を通じて消費者に送られ、無意識のうちに消費者の選択や行動に影響を与えていると指摘する。

『イメージ・ファクトリー 日本×流行×文化』（ドナルド・リチー著、松田和也訳、2005年、青土社）

消費者は本来、商品を機能的な目的で購入するのではなく、その商品が提供する「イメージ」や「夢」に惹かれて消費する。例えば、高級車の広告では、その車自体ではなく、それを所有することで手に入る社会的な地位やライフスタイルが強調される。このように、広告は人々に「欲望」を創り出し、その欲望が商品購入に結び付くように働きかける。

彼は、メディアと広告が相互作用しながら消費文化を形成していく様子を描いている。広告がメディアを通じて拡大され、メディアが広告のメッセージを受け入れ、それを社会全体に広めていく。この相互作用は、消費者が社会的な影響を受けながらも自分の意思で消費行動を選んでいるように見せかけるという特徴を持っている。

その議論を前提として彼が注目するのは、日本人は絶えず新しいイメージを求めるという点だ。それは思考のイメージ化ではなく、イメージだけを追求しているように見えるとリチーは言及する。つまり外国人から見ると、日本のその点には戸惑いを隠せないということだ。「カワイイ」「マンガ」「パチンコ」「コスプレ」などさまざまな現象に対して彼は意見を述べていく。つまり日本で生産されるイメージはあくまで現実的であり、かつ即物的といえるのかもしれない。そして現実的であるが故に流行のサイクルに飲み込まれ、単なる消費財としての価値しか残らない。確かに一方では日本には伝統文化というものがあるが、ことポップカルチャーに関しては現実的な色合いが強いともいえる。中でも「カワイイ」はすべてを包括する言葉だ。この言葉は新奇性の高いものから、伝統文化までを包括できる、ある意味、魔法の言葉でもある。現在の日本の政策「クールジャパン」も原点はこの「カワイイ」から始まっている。

リチーは、広告が個人の行動や社会的価値観に与える影響に対しても深い懸念を表明している。広告が創り出す「イメージ」は、単なる商品の売買にとどまらず、社会全体の文化や倫理にも関わってくる問題であるという点を強調している。広告は、個人がどのように自分を認識し、他者とどのように関わるべきかについての認識をも形成する。消費者は、広告によって示された「理想の自分」を追い求め、その過程で自分のアイデンティティを形成していく。広告は、物質的な満足感を超えて、精神的な欲求や自己実現の感覚を提供しようとする。

広告は、消費行動を促すだけでなく、より広範で社会的な価値観や社会秩序にまで影響を与えるとリチーは警告している。消費社会では、物質的な富や物を持つことが成功の証として重視され、これが社会の価値基準として浸透していくのだ。

つまりリチーは、日本のポップカルチャーにひとつの警鐘を鳴らしたともいえるだろう。日本のあらゆるイメージは前掲したような本来の広告が創るイメージとはかけ離れている。それらは文化と呼ぶには明らかに表層的なものと捉えてもいいのかもしれない。ただ一方で、日本のポップカルチャーやコンテンツに関するさらに進化した議論を続けていくこともまた必要であろう。

第7章

「失われた30年」と日本化

「失われた30年」の功罪

一般的には日本は１９９０年代のバブル崩壊以降、経済停滞に陥っており、「空白の30年」と揶揄《やゆ》されている。バブル経済前の日本は高度経済成長期を迎えていた。国土交通省のデータでは、１９８８年の時点で日本の実質ＧＤＰ成長率は６・79％だった。しかし、バブル経済崩壊後の１９９２年では０・85％、１９９３年はマイナス０・52％となった。

その後、いざなみ景気によって３・13％まで上昇したが、リーマンショックを受けてマイナス５・69％まで下落、アベノミクス景気によりマイナス成長は再びプラスに転じたが、２０２２年時点での成長率は１・75％だった。数字の推移を見る限り、もはや高度経済成長期のような目覚ましい経済成長はなくなり、低成長を続けていることがわかる。

このように、確かにＧＤＰの成長鈍化、国際競争力もＩＭＤ国際競争力ランキングでは、かつて１位だったものが、２０２４年には38位まで転落している。バブル崩壊以降、政府は景気刺激策や金融緩和政策などを実施してきたが、「失われた30年」ともいわれる所以は、かつての高度経済成長期と比べて、日本経済が長期にわたって停滞していることを意味する。

日本の不動産価格がバブル崩壊後に急落し、しかし、現在、都市部の一部では価格がバブル期に比肩したという見方もあるが、地方では下落が続いているところも多い。もちろん人口減少、少子高齢化などとも関連するが、長きにわたったデフレ経済によって、市民生活は厳しくなる一方だ。

また同時に進行したのは、格差社会の側面だ。相対的貧困率も上昇し、経済協力開発機構（OECD）が公表する各国の貧困率の2021年版で見ると、日本は15・4％で、米国（15・1％）、韓国（15・3％）を超えている。子供の貧困率も上昇し、大きな社会問題になっている。政府も対応に苦慮しているが、日本では貧困率を示す国民生活基礎調査が、3年に1度しか実施されない点に危機感が窺えないという指摘も多々ある。

OECDが発表した就業者1人当たりのGDPも、日本は2000年では7万1621ドル、2020年では7万5032ドルとなっており、OECDの平均値である、2000年7万7190ドル、2020年8万9927ドルに及ばない。日本はG7では最低となっている。また労働力1人当たりのGDPの伸びも鈍い。

ちなみにOECDによれば2022年の日本の平均年間賃金は4・2万ドルで、韓国より7000ドル低い。1991年以降、フランス、イギリス、スウェーデン、韓国と次々に追い抜かれた。（図7、8参照）

そして人口減少だ。総務省統計局によれば、日本の2023年の総人口は推計で1億2435万2000人と前の年より60万人近く減り、13年連続で減少した。増加した都道府県は東京都のみとなった。これは深刻な状況といわざるを得ない。東京都と他の地方の所得格差も広がり、一方、75歳以上の人口は初めて2000万人を超え、総人口に占める割

［図7］ OECD諸国の平均年間賃金ランキング
（2022年米ドル建て、購買力平価による換算値） （単位:万ドル）

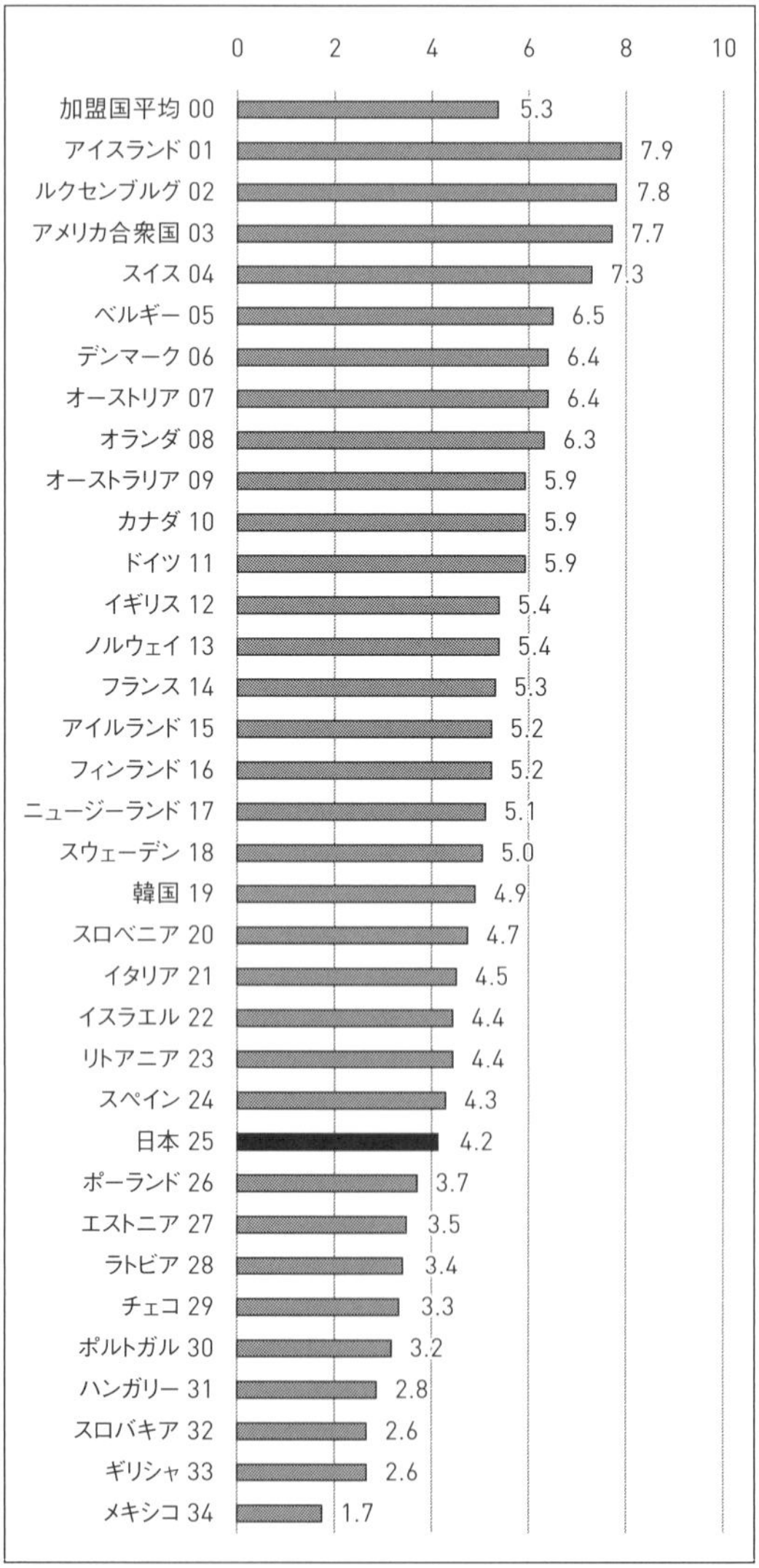

出所：連合・賃金レポート2023〈サマリー版〉

［図8］ 主要9カ国の年間賃金推移
（金額推移　米ドル建て、購買力平価による換算値）

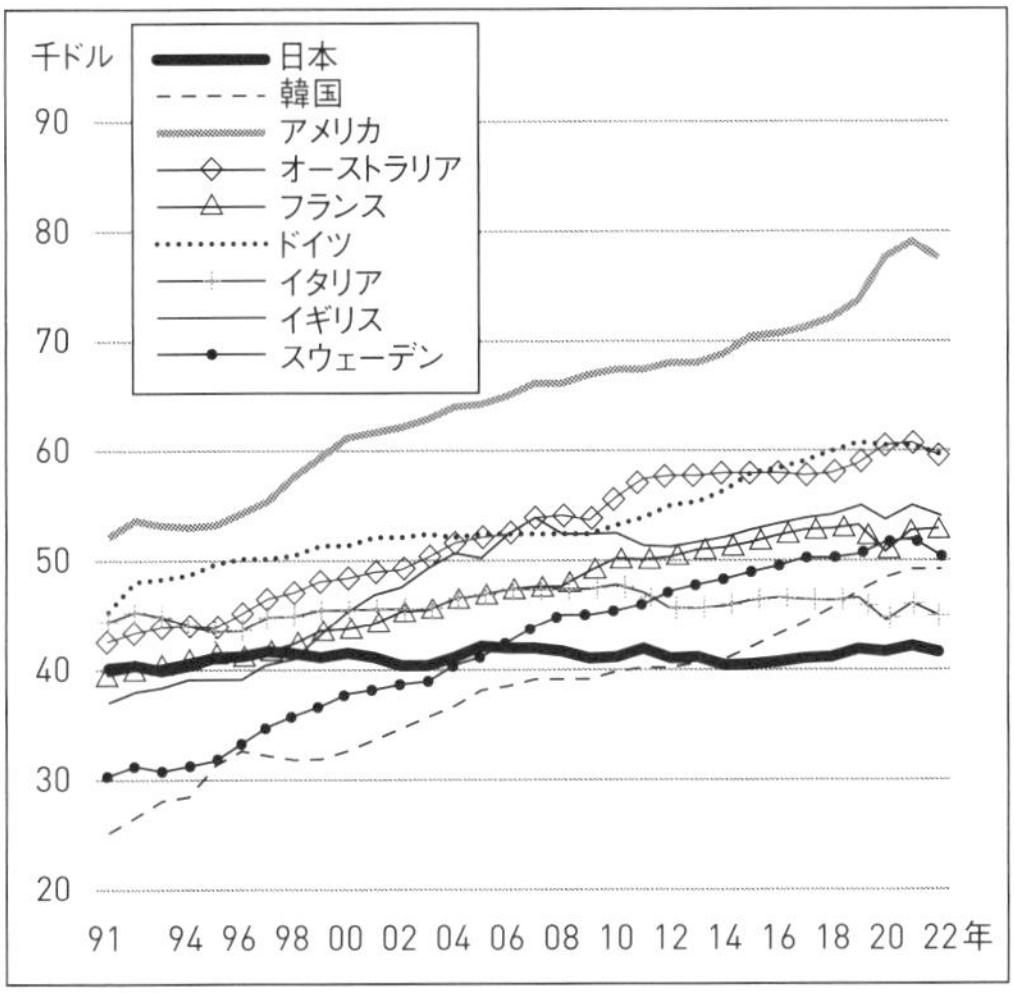

出所：連合・賃金レポート2023〈サマリー版〉

合は16・1%と過去最高になったとしている。そして少子高齢化も進んでる。

高齢化率は上がっていく一方で、生産年齢人口と呼ばれる15～64歳の人口は1995年をピークに減少している。生産年齢人口の減少により、労働人口も確実に減少している。

またこの30年の間、消費税は3%から5%、8%、10%にまで上がった。増税すれば日用品などの値段も上がるため、国民の消費行動は縮小される。ただ、消費行動の縮小の原因は消費増税だけではない。それは不況と将来に対する不安だろう。平成不況などの不況が続くと、将来の生活に対して悲観的になる。当面、経済成長は見込めず、財政赤字は増え続ける一方で、ましてや労働人口も減っているとなれば、将来の日本に対して不安が増えていく。故に消費者はなるべく貯蓄や節約をしようと考えるようになり、消費行動が縮小していくともいえる。

またそれに加えてリーマンショック、近年では中国の未曽有の大不況、ロシアによるウクライナへの侵攻、中東情勢の悪化、各国の移民問題など、世界経済の日本に対する影響も無視できない。つまり国内外のさまざまな要素が日本経済を左右しているといえる。特定の要因というよりも、複合的な景況の停滞になっていると解釈すべきだろう。

ただカリフォルニア大学サンディエゴ校教授の経営学者、ウリケ・シェーデが著した『再興　THE KAISHA 日本のビジネス・リインベンション』（２０２２年、日経ＢＰ／日本経済新聞出版）によれば、「失われた30年」は決して悲観すべきことでなく、日本においてはビジネスの大転換期だったとする。つまりこの30年間、世界が求めるディープテックのニッチ市場では競争力を高め、安定を重視しつつも、確実にイノベーションを起こしてきたという。

彼女は日本の企業が戦略的ポジショニングにより、中核事業を選択し、そのレベルアップを図りつつ、ＤＸを意識した未来志向の投資を行い、成熟事業と新規事業の共存を図り、新たな企業文化を創出するとする。そしてその根底に日本の伝統的なタイトな文化があると述べている。

「タイトな文化」というのは、社会心理学に依拠したフレイムワークであり、ルーズな文化と対になる。そして日本はタイトな文化により、企業の行動が導かれ、米国企業とは違い、時間をかけ、社会とのバランスを図りながら、ゆっくりと着実にイノベーションを進めるところに独自性があるとする。この点が日本企業のアドバンテージだとする。

シェーデは日本の「失われた30年」に対する悲観論などに対し、一石を投じている。つまり文化コンテンツの文脈で見ても、日本の文化コンテンツの隆盛はこの「失われた30年」の間に彼女の指摘にあるように、ゆっくりと着実にイノベーションを起こしてきたと見てもいい。

彼女の最新の書籍にも触れておこう。２０２４年に刊行された『シン・日本の経営 悲観バイアスを排す』（日経ＢＰ／日本経済新聞出版）だ。前作と多少被るところもあるが、彼女はやはり「失われた30年」は停滞ではなく、経済や経営の質的転換を図り、社会の安定とのバランスを取るために必要な時間であったとする。ユニークなのは新たなディープテック戦略のために「舞の海戦略」を主張する点だ。舞の海とはかつて大相撲で活躍した、巨漢力士の小錦や曙を翻弄した小兵力士だ。臨機応変で機敏、かつ「技のデパート」とも呼ばれた技巧に長けた力士であった。

舞の海は日本の主要企業が取り組んでいるピボット（方向転換、路線変更）のイメージに最適だとし、これは各企業が現在、進めているダイエットとマインドセットの転換を象徴すると述べる。そしてダイエットは質的な転換を指し、業界の競合相手に先行するために、コモディティ化（どの製品やサービスも似たようなものに見える状況）した製品からディープテック事業への移行に役立つ新しい技を追加すべきと指摘する。

また企業カルチャーにも注目し、「タイト・ルーズ」理論を紐解き、日本のタイトなカルチャーはなぜ変化が遅いのかに言及していく。「安全第一」や「同調圧力」と「恥」にも着目し、日本のカルチャーの本質を明らかにしていく。そしてこのようにまとめる。「スピードの遅さは日本が行った合理的な選択によるものであり、長期的には優位性になりうる」。故に日本はバランスを取って繁栄する未来を予想する。

つまり「失われた30年」は決して無駄ではなかったのかもしれない。確かに日本では一定の秩序、規範が順守され、治安も担保され、外国人から見ても稀有な存在だろう。そしてその日本の魅力の入口に日本の文化コンテンツが存在する。この点はしっかり押さえておかなければならない。

クロスメディア戦略とプロダクトプレイスメント

日本の文化コンテンツの要諦はクロスメディア戦略にあると考える向きは多くあろう。簡単に説明すると、商品を広告、宣伝する際に特性の異なる複数のメディアを活用することである。それによって各メディア間の相乗効果が図れるとする。そして認知度を高め、商品に対する購入意欲を喚起することが可能になる。

もともとはマーケティングの一般的な手法だが、とくに文化コンテンツ全般で広く使われる手法として認知されている。つまり元の商品から派生した商品を複数のメディアを通じて流布することで、ファンへのサービスや商品販促まで拡充することも射程に入れることが多い。

とくにＩＰ（知的財産）がクローズアップされる昨今においては、さらに注目を集めている。日本ではメディアミックスと呼ばれることが多かったが、これはあくまで和製英語であり、とくにインターネットやスマートフォンの普及によりメディアが多様化することによって、クロスメディアという用語が浸透してきた。

また、クロスメディアは1人につき3回の広告接触頻度で十分とする米国のハーバード・Ｅ・クラグマン博士の「スリーヒッツ理論」を発展させた考えを基礎理論として、各種のメディアを用いてそれに合わせた最適な広告手段を計画することだ。決められた広告費用で最大の広告効果を得ることが目的となる。米国ではメディアフランチャイズと呼ぶ。元々ひとつのメディアでしか表現されていなかった作品を、小説、マンガ、アニメ、ゲーム、音楽、テレビドラマ、映画、タレント、トレーディングカード、プラモデルなど、複数メディアを通じて展開するビジネスモデルを指して、メディアミックスと呼ばれるのが一般的である。ただしクロスメディアは複数のメディアをクロスすることを前提にメディアミックスする。個別のメディアで広告情報が不十分であることも辞さない。

日本では本来的にはマンガ、アニメ作品がまずあって、そこから実写作品へと展開していく。もちろんマンガからアニメへの派生、アニメから音楽への派生とバリエーション豊かなものになっている。しかし当然、本来的な版権所有者との調整も不可欠である。

デジタル化により、より多様なクロスメディアも行われるようになっており、紙媒体、ウェブ、携帯電話などのメディア特性に合わせて、色彩、文字量、動画化における表現を変える必要性もあるが、ただこれによって、紙媒体などひとつのメディアで不足している面を別のメディアで補うこともできる。

大まかにいうと、メディアミックスはマスメディアを中心に、クロスメディアはインターネット上のあらゆるメディアを対等に扱う点に相違があるかもしれない。つまりメディアの多様化を前提にしたメディアミックスの進化形と捉えてもいい。とくに日本でもスマートフォンでのインターネットアクセスが高度化しており、それに伴って高度なクロスメディア手法が編み出されている。ＵＲＬ、ＱＲコードの読み込みによりダイレクトにサイトにアクセスできることなどもクロスメディア戦略の範囲内にあるのだろう。

もうひとつ日本ではアニメのプロダクトプレイスメント手法も一般化してきている。プロダクトプレイスメントとは、従来は映画の中でスポンサー商品をさりげなく登場させることで、観客の深層心理に刷り込み、作品内で人気の演者にスポンサー商品を使用させることにより、商品への好感を持たせようとするマーケティング手法である。米国では古くから効果的な広告手法として、とくに大手のクライアント企業から支持されてきた。そのスタートは諸説ある。例えば、１９５５年公開のハリウッド映画『理由なき反抗』で、ジェームズ・ディーンが作品中で使用していた櫛に、観客からの問い合わせが映画会社に殺到して、それが新しい宣伝ビジネスモデルになることに気が付いた各映画会社は、これ以降一般企業との作品中広告でのタイアップを開始するというエピソードがある。

1961年公開のオードリー・ヘプバーンの代表作『ティファニーで朝食を』では、主人公はマンハッタンに住むパーティガールで、富裕層の男性と結婚することを夢見ている。そんな彼女は心が沈むと、5番街にある高級ジュエリー店「ティファニー」のウインドウを眺めつつパンとコーヒーを手にして、朝食をとって気分を和らげているという設定なのだが、この映画によって「ティファニー」が世界的に有名なジュエリー店になっていくことは自明のことであろう。まさに典型的なプロダクトプレイスメントの効果である。実写の映画やテレビドラマでは、このような広告手法はもはや当たり前になっており、米国ではプロダクトプレイスメント専門の代理店も複数存在する。

一方、日本では実写に限らず、アニメでもこの手法が使われるようになってきた。国内でいえば古くは『サザエさん』が代表的な作品であろう。1社提供だった1990年代までは、オープニングの市街地シーンにはほぼといっていいほど、「東芝」もしくは「TOSHIBA」の看板が掲げられていた。また作品中の磯野家の冷蔵庫等の家電製品には、社のロゴが描かれていた。またこの手法は2000年以降、毎日放送制作のアニメでは常套手段になっていた。

ただ近年では聖地巡礼も相まって、アニメのほうが実写を凌ぐ勢いで注目されてきており、アニメ作品でもこのような手法が目に付き始めている。2016年に大ヒット作品となった新海誠監督の『君の名は。』でのサントリーとのタイアップが象徴的であろう。映画に登場した糸守の「カフェ」のサントリー「BOSS」の自販機も映り込んでおり、山手線のドア窓広告の「Z-KAI」までリアルに再現されている。また前作の『言の葉の庭』でも同じくサントリー「金麦」や「ダイアナ」の靴などが登場している。実際のビジネスモデルとしては『君の名は。』では、新海監督が別途、サントリー「天然水」のテレビコマーシャルを制作しているところから見て、いわゆる直接的なプロダクトプレイスメントの広告収入という形は採っていないと見ることができる。

『涼宮ハルヒの消失』では、ファミリーマートが登場し、実際に登場人物たちが店内で買い物をし、ローソンもアニメ作品とのタイアップや製作委員会への参加にも積極的で、『夏色キセキ』『君のいる町』などで背景として登場している。『ヱヴァンゲリヲン新劇場版：序』では、ピザハット、UCC上島珈琲、ヱビスビールなどが実名で出てくるし、『魔女の宅急便』に至っては、「宅急便」はヤマト運輸の登録商標であり、それをタイトルに使えないという問題が起こったが、ヤマト運輸が映画のスポンサーになることで企業の宣伝にもなったとされる。

『あの日見た花の名前を僕達はまだ知らない。』でもサントリーフーズの「C.C.レモン」、サンヨー食品の「サッポロ一番 塩らーめん」、伊藤ハムの「アルトバイエルン」、不二家の「カントリーマアム」、カルビーの「うま辛ポテト ヒ～ハー!!スティック」というナショナルクライアントに加えて、埼玉新聞社の「埼玉新聞」、十万石ふくさやの「十万石まんじゅう」などのローカルクライアントの商品も登場している。これらは製作委員会に電通の名前があることから、ビジネスになっていることも推測されるが、クレジットに企業名や商品名が見えないので、ビジネスモデルとして一般的なスタンスを採っているのかは実際、わからない。

以上、挙げた作品の他にもこの手法を取り入れている作品は枚挙に暇がない。アニメはもはや立派な宣伝メディアと捉えてもいいのだろう。とくに海外への伝播を考えていく上では重要な役割を果たしているともいえる。つまり海外で日本の競争優位性を持つアニメは、意外な部分で効果を上げているように思われる。本研究での着眼点もそこにある。

日本文化のイノベーション

かねてから伝統的な日本文化もイノベーションを図ってきた。例えば浮世絵もそうだ。昨今では歌川広重（1797～1858年）の浮世絵に見える青のことを広重ブルーと呼ぶそうだ。広重はもちろん空だけではなく、水辺や夜の風景にも青を多用している。ただ広重ブルーは「東海道五十三次」の日本橋に見られるように、青空と白い雲のグラデーションで描かれることが多いように思う。

抜けるような青空はあまり描いてはいない。当時は葛飾北斎（1760～1849年）もこの青を好んで使った。こちらは「北斎ブルー」と呼ばれているそうだ。ふたりの浮世絵には、江戸を描きながら快晴の日でなくても遠くに富士山が見えている作品も多く、当時の江戸の空気が澄んでいたことが伝わってくる。

19世紀初頭には江戸の人口は約100万〜125万人と推計されており、当時、世界最大の都市だった。同時期のロンドンは約90万人、パリが約70万人だ。それだけの人口を有していたのに、江戸は今でいう「循環型社会」を形成していたといわれる。現代でいうとサーキュラーエコノミーということになるだろうか。当時、日本には石油などの化石燃料はほとんどなく、江戸後期には塩を煮詰める際に石炭を使っていたという記録はあるが、その量はわずかでしかなかったそうだ。

江戸時代の日本は、利便性を追求した大量生産・大量消費社会ではなく、限られた資源を最大限に生かして経済を維持し、文化を発展させた循環型社会のひとつのモデルだった。例えば「灰屋」という職業があり、灰を集めて肥料や洗剤として販売していた。また金属製品や桶などを修理する職人も多かったようだ。循環型社会の形成により、江戸の空が澄み渡っていたのも当然のことかもしれない。

さて広重ブルーや北斎ブルーは江戸後期の浮世絵を象徴する青だ。しかしこの青は実は日本の国産の顔料ではない。浮世絵は江戸時代初期に墨摺《すみずり》絵から始まり、やがて多色摺へ発展する。しかし青を発色させるのは難しく、鈴木春信の初期の美人画には青色の花を咲かせる露草が使われ、また東洲斎写楽などの役者絵には藍が用いられていた。ただ植物由来の顔料は発色や色の定着が難しく、試行錯誤の繰り返しだったといわれている。

江戸の文化は初期の桃山時代を継承した派手で奇抜な芸術の流れを経て、やがて元禄時

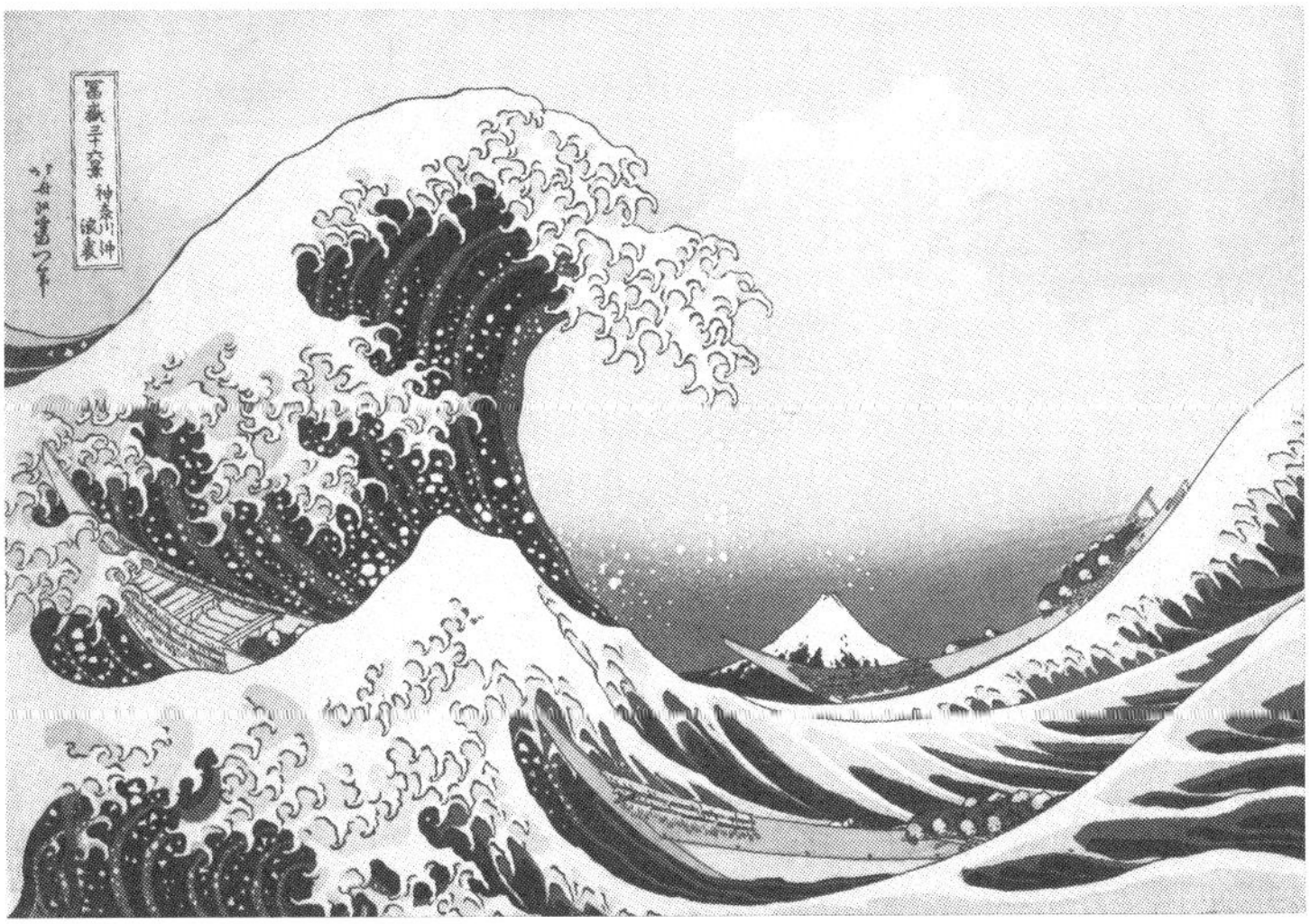

浮世絵の代表的な作品、歌川広重『東海道五十三次之内 日本橋 朝之景』（上）と
葛飾北斎『冨嶽三十六景 神奈川沖浪裏』（下）

代の太平の世の中で富裕化していく町人が担い手になる。そして19世紀になると経済の中心が江戸に移り、文化の中心も江戸になっていく。浮世絵も江戸の文化として定着していった。同時に滑稽本、洒落本などの読み物文化も町人に浸透していった。この時代が粋と遊び心による庶民芸術の爛熟期ともいえるだろう。２０２５年放送のＮＨＫ大河ドラマ『べらぼう〜蔦重栄華乃夢噺〜』にはこの時代が描かれている。

広重や北斎が用いた青は、先に伊藤若冲《じゃくちゅう》（１７１６〜１８００年）も使っていたようだ。この青は通称「ベロ藍」と呼ばれる、現在のプルシアン・ブルー（紺青《こんじょう》）のことだ。この顔料は18世紀初頭にドイツの前身になるプロシアのベルリンの染色、塗料職人が、赤い顔料を作ろうとしていたときに偶然発見したものだ。日本には延享年間（１７４４〜１７４８年）に輸入されたようだ。

若冲がどのような経緯でプルシアン・ブルーを入手したのかはわかっていないが、ただ広重や北斎の、より美しい顔料を求める絵師としての姿勢がそこに見え隠れする。広重が活躍した当時には、「ベロ藍」が中国で安価に生産されるようになった。それゆえに浮世絵にも「ベロ藍」が盛んに使用されるようになり、その人気は浮世絵界を席巻し、北斎や溪斎英泉《けいさいえいせん》など多くの絵師が続々とこの新しい青を用いた作品を世に送り出した。

そして多くの浮世絵を好む町人にも支持された。広重の作品は海を越え、フランスのゴッホやモネなどにも愛された。とくに広重作品の大胆な構図、そして美しい青が好まれたようだ。彼は空や水辺の情景を表現する際、ときには大胆に、ときには繊細に青を用いることで作品に豊かな叙情性を盛り込んでいった。そうして広重ブルーや北斎ブルーは海外では日本の青、江戸の青として認知されていった。

浮世絵は版画なので、そこに描かれた空の色は現実の江戸の空の色とは違うはずだ。しかし外国人で浮世絵が好きな人は、日本の空というと広重や北斎の青を想起する人が多いかもしれない。

江戸文化を代表する浮世絵に舶来の顔料「ベロ藍」を使い、それが浮世絵を象徴する色になったのは、やはり海外の文化を取り入れ、自分のものにしてしまうカスタマイズ能力に優れる日本文化のひとつの発露なのだと思う。つまり広重や北斎は舶来の顔料で江戸の青空を表現していたのだ。

浮世絵を印象付ける青も海外から輸入した色でありながら、浮世絵に見事に馴染み、多くの人々が日本古来のものと捉えている。このように、海外の顔料を浮世絵の青に定着させてしまう点が日本文化のひとつの特徴である。以上のようなカスタマイズはさまざまな分野で見られることだろう。これもひとつのイノベーションと呼べるのではないだろうか。

さまざまな海外の影響を受けつつ、独自の文化を形成することが日本の文化コンテンツの重要な点である。

第8章

国内地域での文化コンテンツの活用事例

文化コンテンツの活用

ここでは日本の文化コンテンツを支える日本の国内ローカルに目を向けてみようと思う。東京一極集中、もしくは政令市を軸とした大都市への経済的な偏重などが多く取りざたされるが、実は広義の文化コンテンツ関連の人材はローカルから輩出されることも少なくない。国内外で評価されるマンガ家、アニメ作家、小説家、はたまたスポーツ選手、シェフなどに至るまで、ローカル出身者は枚挙に暇がない。

ローカルには独自の文化基盤が形成されているところも多い。そこから有為な人材が輩出される。ただローカルの大半が人口減少に直面しており、若年者の域外流出が危惧されてもいる。ただローカルの文化基盤の衰退、消失だけは避けなければならない。日本の文化コンテンツはローカルでの文化基盤があってこそだ。果たしてその課題の解決策はあるのだろうか。紙幅の都合上、多くを網羅することはできないが、筆者が注目している事象を幾つか挙げてみる。

他にＩＴサテライト、島・山村留学、生活環境の整備、移住政策などで特筆すべきローカルも数多く存在する。個々の自治体、住民が一定の危機感を持つことで、イノベーションが起き、結果を導いた事例である。つまりローカルの衰退は知恵を働かせて、汗を流せば避けられるということでもあろう。ここでは国内ローカルでの文化コンテンツの生成と活用を紹介していこうと考える。

さて話は変わるが、文化コンテンツにはユーザーに与える感動が内包される。つまりそこには非合理な打ち手が功を奏して生じる感動の物語の存在がある。物語戦略でいうところの「誰かに話したくなる」という行為はこの感動に依拠しているのではないだろうか。感動するから他人に話す、これは至極、当然のことだろう。

経営学者で一橋ビジネススクール特任教授の楠木建《くすのきけん》著『ストーリーとしての競争戦略優れた戦略の条件』（2010年、東洋経済新報社）を再読してみた。そこではクリティカル・コア（Critical Core）という概念を取り上げ、誰もが納得するような合理的な戦略は、すぐに競合他社に真似されてしまい競争優位ではなくなってしまうが、一見して非合理な打ち手は、真似されないと述べられている。つまりさまざまな企業の戦略の中から、一見して非合理なクリティカル・コアを読み取り、部分非合理が全体合理性に転化することに注目している。

例えば企業でいえば、デルのように収益性が低いといわれる組立工程に特化し、自社工場によってPCを作るという部分的な非合理が組み合わさることで、全体の合理性を生んでいるから、他者は真似しにくいというロジックである。つまり販売のダイレクト化のみならずサービスにおいてもダイレクト化が創出されているのである。

また社会起業家、まちビジネス事業家の木下斉《ひとし》著『地方創生大全』（2016年、東洋経済新報社）に、ひとつの鍵は「過去にとらわれない、新たな時代に則した『常識』を作り出し、しっかりと成果を出す『新しい真面目さ』を確立すること」としている。その事例として民が作る公共施設、岩手県紫波町「オガールプロジェクト」を挙げている。つまりこの記述を読み込んでいくと、ここでも、一見非合理な要素が内包されているように思われる。

ローカルの再生にも企業同様、このような非合理な打ち手によって、自然に物語が創られていくことも十分にあるだろう。つまり部分非合理が全体合理に結び付くというのは、実際は偶然という要素が大きく効いているに違いない。先見の明というのは素晴らしい能力だと思うが、これだけ時代が変化し、トレンドのサイクルも短くなってきている今、先を読むというのは至難の業だと思う。

ここで日本の高校野球を見てみよう。感動を生むドラマを作るのは、おそらくフレイムが重要なのだと思う。つまり「甲子園」だったり、もしくは「高校野球」というフレイムである。マクロがあって、ミクロが同時に存在するという意識を持つことが肝要だ。マクロに当たるフレイムがしっかりしていれば、ドラマは作りやすくはなるが、ただ実際はグローバル企業としては為替の変動や世界的な景気状況への見通しが不可欠になる。

もちろんそれはローカルでも同様だ。マクロを見通すためには一定の知恵と経験が必要であることは否定できない。ローカルにもそういった人材が豊富なのか、もし厳しければ他から取り込まなければならない。コンサルタントを重視する自治体もあるようだが、果たしてそれが妥当かという疑問は残る。確かに彼らは一定の知恵と経験は持っているだろう。しかし時代のニーズはさらに高くなっているはずなのだ。

非合理に着目するためにはそれだけでは立ち行かない。勘とかインスピレーションとか非科学的な範疇の才能がまた必要になる。つまり一定の知恵と経験が重要な鍵となるのである。ローカルというフレイムは個々の地域で違うのが当然だ。そこにも論点はある。果たしてローカルの実情と特性をどの程度、把握すればいいのだろうか。これは意外に至難の業であろう。例えば自治体の首長や議員、職員がどの程度、ローカルの実情と特性を把握しているのだろう。

文化コンテンツは感動を生み、そしてときにそれは偶然の産物でもある。文化コンテンツを活用し、ローカルに寄与するというのは、ひとつは食文化、スポーツを含めたローカルでのコンテンツ創出であり、もうひとつはコンテンツツーリズム的な観光創出ということになるだろう。そして同時にローカルそのものを文化コンテンツと位置付け、感動を生む物語化を図るということも重要だろう。

なお筆者は2018年にこの視点から『ローカルコンテンツと地域再生　観光創出から産業振興へ』（水曜社）を上梓、2023年に韓国で翻訳出版もされている。

スポーツを活用した日本国内の事例

米国のMLBにおけるチームと都市の関係については、宇佐見陽『大リーグと都市の物語』(2001年、平凡社)に詳しい。そこではそれぞれの街を彩るMLB球団が、百年以上の大リーグの歴史を通して、都市における球場のあり方、移転や拡張を巡る問題などを抱えながら、ファンとの愛情を育んできたことが描かれている。前掲の、「ドラマティック」な展開を呼び起こすフレイムに当たるのが、MLBにおけるフランチャイズタウンであろう。

基本的にスポーツは「筋書きのないドラマ」という点に大きな魅力があり、それによって感動が生まれ、見ている人々の共感を生む。そういう面からすればスポーツも広義の文化コンテンツだ。つまりチームはそれに寄与するために存在すると考えても良い。もちろんビジネスであるから収益面も無視はできないが、感動が多くの人々をスタジアムに向かわせ、またメディアを通じて視聴する人々も球団や選挙に共感を持つことになるのだろう。

もちろん日本の野球もMLBをひとつのモデルとして、1936年に日本職業野球連盟が結成され、東京、大阪、名古屋に球団が誕生する。それが現在の日本野球機構(NPB)のルーツに当たる。NPBは東京、横浜、千葉、所沢、大阪、西宮、名古屋、福岡、北広島(北海道)、広島、仙台に球団があり、ホームタウンとして野球ファンが熱心な応援を続けている。近年では広島や横浜のファンの応援が注目されることも多く、また北広島(北海道)、仙台、千葉などは比較的新しいホームタウンといえるだろう。

地上波での放送回数及び視聴率は低迷しているが、BS、CSでも放送があり、インターネット配信もされている。そして球場へ足を運ぶファンは増加基調にあり、2024年

2023年から北海道日本ハムファイターズの本拠地として使用されているエスコンフィールド（北海道北広島市）。プロ野球の開催のみならず、「ボールパーク」としてさまざまな施設を複合する
写真：時事

シーズンは史上最多を更新する2668万1715人と国内のスポーツ興行の観客動員数としては驚くべき数字といえる。

この背景には先に指摘したように、日本ハムファイターズの本拠地、北広島のエスコンフィールドに象徴されるように、球団の積極的な地域とのつながりを太くしようというさまざまな試みがある。例えば楽天モバイルパーク宮城では観覧車が併設されており、そこからフィールドが見下ろせるし、みずほPayPayドーム福岡では球場の周辺のエンタメ施設の整備、拡充に大きな予算を投下している。また横浜スタジアムでも球場に入れなかったファンのためにビアガーデンが設営されている。球場内のフードメニューやグッズにも各球団が力を入れている様子はマスコミを通じて十分に伝わっている。

千葉ロッテマリーンズもスタジアム移転に関して、エスコンフィールドのようなベースボールタウン構想を持っているようだ。また2025年に開業した東京都稲城市のファーム施設、ジャイアンツタウンも同様の文脈にあるのだろう。

地域活性化においてスポーツは大きな資源であり、その代表がNPBだといえる。つまり、ファンが感動できるドラマを用意するフレイム、その舞台装置が球場であり、周辺の施設なのだ。NPBの球団はやはり政令市規模の都市に立地することが多く、現在では四国アイランドリーグplusやルートインBCリーグなどの地域リーグもあるが、地域の支援によって運営しているものの、すでに経営破綻に直面した球団も存在する。ホームタウンは中核市などの比較的大都市にあるが、それでも経営的にはなかなか厳しいところが多く、球団のみならず自治体、ファンの間でのさらなる工夫が望まれるところだ。

Jリーグの現状と未来

Jリーグが「地域密着」を掲げて開幕したのは1993年のことだった。母体は実業団のリーグだったJSLで、いわゆるアマチュアスポーツからプロスポーツへの転換を図ったのだ。現在のJリーグはJ1、J2、J3で構成されており、正会員は2024年時点で60クラブ、Jリーグ以外にはアマチュア主体のJFLはあるが、野球よりも地域との密着度が色濃いといえるかもしれない。

例えばＪ１でいえば佐賀県鳥栖市、茨城県鹿嶋市のような人口10万人未満の都市でも成立している。野球よりもホームタウンの都市の規模が小さいことが、より地域との距離を近くしているに違いない。そういう意味では、目に見える範囲でスポーツと地域の活性化との関係が浮かび上がってくるのは、野球よりもサッカーなのだろう。しかし２０２４年の観客動員数は、Ｊ１の１位が浦和レッズで71万２８５２人（１試合平均３万７５１９人）、最下位が福岡で18万４２７１人（１試合平均９６９８人）と大きな格差が生じている。

またＪ３では１試合平均の観客動員数で千人余りのクラブもあれば、その下位組織であるＪＦＬでは数百人のチームもある。Ｊ１以外では動員に苦しむクラブが目立つ。

ここではＪ１の鹿島アントラーズを見ていこう。鹿島は２０１９年、ＥＣ大手のメルカリに経営権が譲渡されたことで話題になったが、チーム発足の背景には当時の親会社である旧住友金属工業の採用難があったという。つまり同社が主力製造拠点を置いた鹿島臨海工業地帯には１５０社を超える企業が集積していたが、近隣に娯楽施設が少ないことから若年層労働者の定着に課題が残っていた。そこで当時、立ち上がった「豊かなまちづくり懇談会」において、自治体、企業、住民が議論する過程で発足が予定されていたＪリーグへの参入を決めたという。

ただそうはいっても鹿嶋市（当時、鹿島町）の人口は少なく、現在では鹿嶋市、神栖市、潮来市、行方市、鉾田市がアントラーズのホームタウンになっているが、それでも政令市に比べようもない。ただＪ１においては最多のタイトル獲得数を誇り、ＡＦＣチャンピオンズリーグで優勝したこともある。つまりアジアのクラブチームの頂点にも立ったということだ。

もちろん結果が伴ってのことだが、鹿島アントラーズはＪリーグのホームタウンとしてのマーケットが、他のクラブチームに比べて小さいということでの成功事例として、アジア各国からの視察も多く、研究対象としても注目されてきた。つまり事業として成功させるのはフレイムを強固にすることでもある。そのフレイムがしっかりすることで、ファンを感動させるドラマが生まれるのだと思う。

日本代表の試合が盛り上がり、それをうまくＪリーグの観客動員に結び付けるという課題はあるし、人気選手が国外のクラブチームに移籍することも頻繁に起きている。ただ地域との信頼関係が構築できれば、時間がかかっても課題を乗り越えることができるに違いない。

カーリングによる地域ブランディング

近年、地域との関わりで注目されたスポーツのひとつにカーリングがある。まだオリンピックの正式種目に採用されてから日が浅いことや、ウインタースポーツということで地域の偏在が多少なりとも生じてもいるが、徐々にファンも増えている。とくに注目されるのは、北見でのカーリングであろう。日本では１９３７年に山梨県の山中湖上にてカーリング大会が開催されたという記録が残っており、戦後も1973年に第1回カーリング大会が開かれるが、一般には認知されなかった。

日本においては社団法人北方圏センター（現：公益社団法人北海道国際交流・協力総合センター／HIECC）が北海道とカナダ・アルバータ州との姉妹提携を機に、道内各地で講習会を実施、常呂町（現：北見市）が積極的にカーリングの普及に取り組むことによって定着し始めた。常呂町は1981年に第1回NHK杯を開催、1988年には国内初のカーリング競技場を設置、そこから国際的な選手が数多く輩出され、2006年のトリノオリンピックで女子代表のチーム青森が7位に入賞し、一躍、カーリングの認知度が高まっていく。

そして2010年にオリンピック2大会に出場した旧常呂町出身の本橋麻里が中心となって、スポンサー獲得も難しい北見市で地元に愛されるクラブチーム「ロコ・ソラーレ」を設立、2018年の平昌オリンピックにて日本のカーリング史上初の銅メダルを獲得するという快挙に至った。とくに試合中の北海道弁の会話が注目され、また、ハーフタイムに食べていた北見市の清月のチーズケーキ「赤いサイロ」は通常の10倍の注文が殺到する事態となった。2022年の北京オリンピックでも銀メダルに輝いたことは記憶に新しい。

旧常呂町では小中高校と冬の体育の授業においてカーリングが取り入れられており、旧常呂町の人口の5分の1がカーリングを楽しんでいるとのことだ。冬のスポーツとして浸透していったのは必然だが、「ロコ・ソラーレ」の設立は意外性に満ちている。北見市の規模からしてカーリングとはいえチームを維持していくには厳しいものと思われるが、それでも平昌でのドラマは北見市に有形無形のものを与えてくれたはずだ。

この事例は人口5千人に満たない旧常呂町から始まった小さなムーブメントが北見市との広域合併後に拡張し、それが平昌オリンピック、北京オリンピックで結実したものと見ることができる。小都市では思い切った地域施策を打つことが難しく、また継続させるのも難しいのだが、フレイム構築自体が結果を呼び込むものになっていたということだろう。

2002年のソルトレークシティオリンピックに出場した女子チームは「シムソンズ」と呼ばれ、彼女たちをモデルに2006年には映画『シムソンズ』が制作されている。動き始めたドラマにメディアやコンテンツも付随して、さらにドラマティックになっていく過程がわかるだろう。旧常呂町は一見、無理のある、かつ非合理に見え、まだ認知度の低かったカーリング振興に着手した。しかし北見市と合併することを転機として、地元にチームを作った。それがドラマを生み、平昌の銅メダルによって多くの人々の注目を集めた。ただひとつの結果からさらなる活動を継続することもまた難しい。しかし次の物語を期待するのは筆者だけではないだろう。

新旧景観の組み合わせの妙

リノベーションがブームである。もちろん建築も広義の文化コンテンツとして扱っても良いだろう。この流れがいつ始まったかというと、筆者の記憶によれば、1990年代後半だ。東日本橋の倉庫がクリエイターのオフィスへと転用されたことが目に付き始め、それが使われなくなった学校の校舎をリノベーションしてインキュベーション（起業家支援のサービス活動）する事例が目に付くようになった。例えば台東デザイナーズビレッジは、ファッション、雑貨、デザイン関連の起業家育成のために２００４年に旧小島小学校の校舎を活用して設立された。現在も台東区のひとつのクリエイティブ拠点として機能している。

同じ年にやはり廃校になった旧池尻中学校をリノベーションしたインキュベーション施設、ＩＩＤ 世田谷ものづくり学校も設置された。こちらは世田谷区と定期賃貸契約を結ぶ形で運営され、２０２２年5月に閉館されたが、ものづくり起業家育成を中心に交流機能を付設した形で、地域との連携も重要視された。

ちょうど日本でもジェントリフィケーションという概念が注目された頃である。おおまかにいうと、都市において比較的貧しい層が住む中下層地域、つまりインナーシティと呼ばれる都心部に近い旧宅地域に、再開発や新産業の発展などの理由で、比較的豊かな人々が流入し、地域の経済、社会などが変化する現象のことを指す。もちろん結果として地価は上昇し、それまで住んでいた人々が立ち退きや家賃の高騰によって、退去せざるを得ない局面に追い込まれることもある。そして従来の地域コミュニティが崩壊することも十分にあり得る。

数年前、上海へ行く機会があった。現在では経済不況下にあるので、上海も当時とは趣きも違っているかもしれないが、当時の上海はアジアでは自然条件、人口規模、経済、インフラなどで最も東京に近い大都市であった。しかし実際は全く別の都市かもしれないという印象を強く持った。１９３０年代には租界（外国が他国の都市に設けた特別な居住区）があって各国のスパイが跳梁し、「魔都」と呼ばれた時期もあった。外灘にはその頃の歴史的建築物が河岸に並んでいて、ライトアップされた夜景はまさに壮観だ。また対岸には１２７階建ての上海タワーやテレビ塔である東方明珠電視塔などのランドマークが林立する金融街である陸家嘴《りっかし》がある。全国各地から上海を訪れる観光客にとってはこの黄浦江《こうほこう》を挟む２カ所が最大の観光地になっており、黄浦江を挟んでの新旧の対比を楽しむ街なのかもしれない。

　上海で古民家を活用した観光地で最も有名なのは田子坊《たごぼう》だろう。まだ定住者も多い、この界隈は路地に現代的な飲食店やグッズショップなどが密集している。東京でいえば原宿のイメージに近いかもしれない。やはり同様の古民家再生だと新天地の建業里《けんぎょうり》も魅力的だ。かつては上海に９０００棟ほどあったとされる伝統的建築様式、独特の両開きの門を備えた石庫門《せきこもん》だが、現在では再開発のために随分、姿を消した。しかし建業里では２６０棟の赤煉瓦の住宅が文化財として保存されて、再開発されている。田子坊に比べてスタイリッシュな飲食店や店舗が並ぶ路地で構成された街区に並んでいる。こちらのほうには住民は住んでいないようだ。界隈には１９２１年に中国共産党の第１回党大会が開かれた「中国共産党第一次全国代表大会会址」も現存している。そういえば２０１８年に公開された日中共同制作のアニメ『詩季織々』の短編のひとつ『上海恋』にも石庫門が登場していることが思い出される。

　新天地も石庫門と近代的な高層ビルのコントラストが印象的な界隈だが、ここはかつてのフランス租界だった。そこから少し離れるが、武康路《ぶこうろ》と淮海中路《わいかいちゅうろ》が交差するところには武康大楼《ぶこうたいろう》がある。汽船のような特異な形をした建物は1924年に建てられ、上海で最初の高級マンションだった。かつてはノルマンディーアパートと呼ばれ、作家や映画俳優なども居住していたことでも知られ、最近も幾つかの映画やテレビドラマで使われていたようだ。このアパートから武康路を図書館方面に歩いていくと、歴史的建造物が数多く現存しており、作家や革命家の旧居もある。途中の武康路376号には「武康庭」と呼ばれるスペースがあり、カフェ、レストラン、ギャラリー、フラワーショップなどが集積している。街路樹のマロニエと見事にマッチした古くて新しい景観が作られている。ただ現在、中国は経済状況が混沌としてきているので、果たしてどのように景観は推移しているのだろう。

　古い建物を単に壊すのではなく、新たなエッセンスを付加するリノベーションは日本に限った現象ではない。意外な場所が現在も次々と生まれているので、当初は違和感があっても時間とともに馴染んでいくということも考えられる。

リノベーションの幾つかの事例

２００９年に一般社団法人としてノオトは設立された。同年、兵庫県丹波篠山市に集落丸山・ひわの蔵がオープン、それを契機に丹波篠山にて事業展開を始める。翌年には篠山ギャラリーKITA'Sをオープン、その後、近隣に事業進出を拡張、朝来市では旧木村酒造場ＥＮ、豊岡市ではオーベルジュ豊岡１９２５などをオープンさせる。ホームページには以下の文言が並んでいる。

「一般社団法人ノオトはNIPPONIAの理念に沿って歴史的建築物を次世代に継承するための理念や手法、必要となる制度改正、それらを通じた地域再生について調査研究や政策提言を行なっています」(https://team.nipponia.or.jp/note-institute/)。

基本的にはリノベーションによる新たな事業を立ち上げるというスタンスだが、全国的には２０１５年にオープンした篠山城下町ホテル「NIPPONIA」からだろう。ちょうどその年、丹波篠山市はユネスコの創造都市ネットワークに加盟する。つまりリノベーション事業のみならず、まちづくりの思想にも関心を持ち、２０１１年には国内の創造都市ネットワーク会議で「創造農村」という概念を提示するなど、重層的なアプローチを行っている。現在では全国各地に事業を展開、それぞれの地域で法人化を行っている。

観光文脈の事業が多いが、ただ単なる事業というよりは、まちづくりの思想に従った展開を行っているように見える。

例えば篠山城下町ホテル「NIPPONIA」も「なつかしくて、あたらしい日本の暮らしをつくる」というコンセプトのもと、約400年の歴史を持つ、国の史跡に指定されている篠山城の城下町全体をひとつのホテルに見立て、築100年以上の古民家を含む7棟を、宿泊施設、飲食店等にリノベーションしたものだ。建物の築年はそれぞれに違うが、歴史的価値の高い建物が中心になっている。宿泊棟には丹波篠山市を象徴する菊の種類の名前が付けられている。

各地方で空き家の再生が深刻な課題になっている現在、リノベーションは確かに魅力的な再生事業だ。また人口減少に喘ぐ地域としては雇用創出が図れるので、若者を射程に入れたUターン、Iターン等の移住、定住施策に結び付けることも可能だろう。もちろん若者の域外流出を阻止することも重要ではあるが、域外の若者を取り込むことで、外部的な視点を活用することにも大きな意味があるのではないだろうか。また他の地域で身に付けた知識やスキルを生かすこともできる。つまりリノベーションによる事業は彼らにとっても魅力的に映ることだろう。

ノオトの展開は次第に全国規模の動きになってきているし、また前述した別のプロジェクトである「オガールプロジェクト」（岩手県紫波町）のような観光に特化するのではなく、新たなコンパクトシティ創出へのアプローチも新鮮だ。しかし考えてみると現在、注目されている各プロジェクトは実際には10年前後の時間をかけて形を作ってきた点に留意する必要もあるだろう。つまり「ローマは一日にして成らず」といった諺にあるように、計画段階から一定の時間がかかるということを前提としなければならない。

しかし10年前に意外性のある計画だったものも、今となっては十分に地域に馴染んでいる現実を垣間見るにつれ、リノベーションも注目し続けなければならない地域戦略のひとつといえるだろう。ただ一見、非合理に見える戦略は勇気を持って決断することが重要である。建築物のようなハードは比較的、コストがかかる。ゆえに準備期間を必要に応じた長さで設定したプロジェクトスタッフの効果的な活用、そして自信を持った青写真が求められる。しかしながら文化コンテンツを育む器を作るためのリノベーションという考え方もできるだろう。

地方都市を再生する「デザイン思考」

新潟県の南魚沼市で「里山十帖」を営む岩佐十良《いわさとおる》も同様のアプローチを行ったものだ。「里山十帖」は２０１４年5月の開業後、わずか3カ月で客室稼働率9割を超えるようになった。全12室という宿泊施設とはいえ、驚異的な数値だ。さらに同施設は、２０１４年度「グッドデザイン賞ベスト１００」に選出され、「ものづくりデザイン賞（中小企業庁長官賞）」をも受賞したことでも知られている。彼はもともと『自遊人』という雑誌の出版社を立ち上げ、本社を南魚沼市に移転させて、その後、「里山十帖」を古民家のリノベーションにより再生させるのだ。

彼の著書『里山を創生する「デザイン的思考」』（２０１５年、ＫＡＤＯＫＡＷＡ／メディアファクトリー）によれば、成功の秘訣は「デザイン的思考」であると述べ、既成概念を取り払ってあらゆる可能性のパズルを検証していく思考法と定義付けている。雑誌の編集によって培われた「デザイン的思考」が、事業にも反映されたと捉えることができる。つまり点でも面でもデザインという概念は無限に拡張している。ましてや先述したように地方都市にはそれぞれのデザイン的特性があるとすれば、その活用の仕方で十分に自立を射程に入れられる可能性を秘めていると見ることもできるだろう。

また里山十帖が企画・運営する、「ＨＯＴＥＬ　講　大津百町」も２０１８年にオープンした。シャッター街であった滋賀県大津市中心部の商店街の空き家７棟をホテルに改修、飲食店や銭湯など商店街を丸ごとホテルとして見立てて、町全体をコンテンツ化し、地域活性化を目指すのが特徴だ。同じく２０１８年に「本との出会い」をテーマにしたブックホテル「箱根本箱」、２０２２年に松本の老舗旅館をリノベーションした「松本十帖」と意欲的な展開を行っている。２０２４年には「尾瀬十帖」をオープンさせている。

グラフィックデザイナーの梅原真《うめばらまこと》『ニッポンの風景をつくりなおせ　一次産業×デザイン＝風景』（２０１０年、羽鳥書店）の冒頭にこのような文章がある。

「一次産業がうまくいっていないなぁ、と思い始めてから、世の中おかしくなってきた。では、ボクに何が出来るのか？　一次産業にDesignをかけあわせる▼新しい価値が生まれる▼新しい価値は経済となる▼経済がうまくいけばその一次産業は生きのびる▼そして風景が残る。１９８７年の夏。カツオ一本釣り漁師が訪ねてきた。このままでは船がつぶれるといった。一次産業にDesignをかけあわせたら、やがてその商品は年商20億円の産業となった。土佐にひとつの風景が残った。『一次産業×Design＝風景』この方程式でニッポンの風景を残そう。そう考えるようになった」

デザインは拡張している。コミュニティ・デザイン、都市デザイン等、部分から全体へ、そしてハードからソフトへとその守備範囲を多岐に、無限に広げてきている。その根底には一種の美意識が内在しているのだ。この美意識もローカルの持つ環境が影響している。県民性というものもそこに根差しているのかもしれない。確かに東京を軸に均質化、均等化が進んできたという事実は否定できないが、ただローカルがすべて東京ナイズされたということでもないだろう。各ローカル都市の商業地区を見ると東京資本の店舗が増えてはいるが、しかし地域一番店や老舗の類がすべてこの世から姿を消したということでもない。

ローカルはまだまだ可能性を秘めている。ローカルの独自性やローカル固有の文化資源、コンテンツ資源に着目することで、その可能性が明瞭になってくるのだろう。ただこの文化資源やコンテンツ資源の精査は意外と疎かになっているのが事実だ。リノベーションにおいても没個性への道は避けなければならないだろう。これはかつて社会デザイン研究者の三浦展《あつし》が提唱した「ファスト風土化」の議論と通底するところがあるかもしれない。「ファスト風土化」とはおよそ１９８０年代以降の日本において、道路・鉄道が整備されてローカルが都市化・工業化・郊外化・消費社会化し、ロードサイドにファストフード・ショッピングセンター・コンビニエンスストア・スーパーマーケット・ファミリーレストランといった商業施設が立ち並んだことを指す。それによって地元の商店街は壊滅的な打撃を受け、シャッター通り化が促進された。このような変化によりローカルでは職住分離が進み、生活空間も閉鎖的になるため、地域の子供の労働観の形成や人生のロールモデルの確立が難しくなるという影響をも及ぼしているとした。

新旧の個性的な調和がもちろん望まれるし、また新たに生まれた空間から何が生まれてくるのか、そこが極めて注視されるところだ。リノベーションもある意味では「場」創りであり、一過性の商業空間であってはならないに違いない。

アニメ企業の地方分散

中小都市の事例をひとつ挙げよう。現在ではアニメの聖地巡礼もすっかり定着したようだ。当初、耳慣れない言葉だったコンテンツツーリズムは、やがてマンガ、アニメに関しての聖地巡礼行動が活発化した頃から社会的にも注目を集め始めることによって、一般化する。実際、このようなコンテンツを用いたツーリズムは、国内においても以前からロケ地巡り、文学散歩、大河ドラマの舞台巡りなど一部の観光客の間では静かに浸透していたものの、やはりムーブメントが生じたのは『水木しげるロード』（鳥取県境港市）、『らき☆

すた』（埼玉県久喜市）などで地域活性化と結節したからこそだろう。それから現在まで全国各地で数々の取り組みが行われるようになったのだ。

現在、さまざまなローカルでアニメ作品を活用した観光創出の試みが行われているが、まだ絶対数としてアニメ制作会社がローカルに依拠する事例は多くはない。『けいおん！』『氷菓』などで知られる京都アニメーションが宇治にあったり、『秘密結社鷹の爪』の蛙男商会は島根県で活動したりもするが、大半のアニメ作品は東京を中心としたエリアで制作されている。

ローカルでのアニメ制作は『けいおん！』でも話題を呼んだ京都アニメーションが先鞭を付けたといえる。２０１９年、あまりにも不幸な事件が京都アニメーションを襲い、今後の活動が危惧されているが、しかし日本のアニメーションの発展に大きく貢献したことは明確であろう。京都アニメーションは、旧虫プロダクションで仕上げ経験のある現専務が、１９８１年に近所の主婦らと、タツノコプロやサンライズの仕上げの仕事を始めたところから始まる。彼女が結婚して移り住んだ京都府宇治市に由来して、京都アニメスタジオと名乗っていたが、のちに京都アニメーションに改称、１９８５年に有限会社として法人化される。元は仕上げの工程を行う仕上げ専門会社だったが、１９８６年に作画部門を設立し他社の動画の下請けを始めている。

京都アニメーションは、『AIR』『CLANNAD』『涼宮ハルヒの憂鬱』のアニメーション制作を手掛け、一躍注目された観があるが、それ以前にもグロス請けでそのクオリティの高さは業界でも知られた存在であった。2003年夏放送の『フルメタル・パニック？ふもっふ』から自社単独元請制作を開始した。ローカルにあるプロダクションであり、近場に外注を出せる制作会社がないこともあって、演出、作画、仕上げ、美術、撮影、デジタルエフェクトまでのプロダクション作業を社内で行える体制を構築しており、外注による分業体制を取るプロダクションに対して、スタッフのコミュニケーションが密に取れることが特徴となっている。また一部のポストプロダクション工程は社外で行う必要があるため、宇治の本社とは別に東京都港区にオフィスを置いている。また、演出など一部のメインスタッフは京都と東京を往復することも多いという話も聞く。富山県に本社があるP.A.WORKSが東京都小平にオフィスを置いているのもそのような理由から必然なのかもしれない。

京都アニメーションは、現在では文庫本の出版、グッズの制作販売などにも事業ドメインを広げており、今後の事業拡張が期待されている。またあくまでローカルにおけるアニメ制作会社としての可能性を示したという点で、パイオニアとしての評価も次第に高まっていくに違いない。ただ2019年に放火殺傷事件があり、結果としてスタジオは全焼、社員36人が死亡、33人が重軽傷、大きな傷跡が残った。しかしその後、着実に再始動を進めている。

前述したように東京では外注に出す作業の内製化を図ったところに、ローカル都市でビジネスが成立した鍵があるのかもしれない。P.A.WORKSも同じ方向にあると見てもいいだろう。近年ではユーフォーテーブルの徳島スタジオの活動、新潟国際アニメーション映画祭の開催、高知県アニメプロジェクトなどローカルの動きも相当活発化し始めている。

ローカルドラマの可能性

現在ではメディアを巡る周辺状況の変化もあり、放送メディアも揺れ動いているが、ローカルでのコンテンツ産業振興に関しては、放送メディアの果たす役割が大きい。例えば、北海道テレビ放送（ＨＴＢ）『水曜どうでしょう』の成功は、ＨＴＢの知名度を全国区にし、出演者のマネジメント企業、札幌のオフィスキューの成功にもつながった。また番組の冒頭に登場する移転前のＨＴＢ前の公園はファンの間では聖地となっている。このようにローカルテレビはその力を十分に発揮できれば、局自体の存続を含めて振興の可能性はまだあるといってもいいだろう。

さて日本における放送メディアは、資本的側面では新聞社の系列に組み込まれ、そしてネットワーク的側面では東京をキー局にしての系列化という点にその特徴がある。近年、景気停滞及びメディアの多様化によって、放送メディアも経営的には難しい局面を迎えている。とくにその傾向はローカル放送局に顕著である。これは放送メディアを巡るパラダイムシフトに直面しているという解釈もできる。メディア状況が急激に変化する中、地域と密着した情報発信装置から新たな展開の模索が始まっている。これまでキー局に従属していたローカル放送局が見出したひとつの活路がそこにあるといえるだろう。

現在では放送衛星を使用したＢＳ、通信衛星を使用したＣＳなど衛星放送や、有線放送であるＣＡＴＶの普及による多チャンネル化、そしてインターネットの一般化によるＳＮＳの浸透、地上波デジタルへの移行、ネットテレビの台頭など、周辺環境の変化によって従来型のローカル放送局の存在意義すら問われかねない状況になりつつある。しかし一部のローカル放送局では先駆的、意欲的試みが行われているが、大半がコスト削減のために自主的な番組制作やその他の事業に積極的に取り組まなかったところも少なくはない。キー局ですらYouTube、Netflix、Hulu、Amazon Prime Videoなどのネット系映像サービスに主役の座を脅かされている現在、ローカル放送局の存在自体が問われかねない状況だ。

ローカル放送局は、系列関係によってキー局から送られてくる全国番組を受け入れることによって大方の番組編成が埋まる。しかもスポンサーからの広告収入も入るため、自らローカル番組を開発するより、東京キー局の番組を受けていたほうが、コストがかからずに効率的な経営が図られたわけである。キー局にとっても、系列地方放送局にネット番組が供給できるからこそ全国メディアとなり、全国スポンサーから多額の広告料（番組提供料）が得られるわけである。ゴールデンタイムの番組では、１クール提供で数十億の金額になるため、複数社が提供スポンサーになるのが通例である。

さて２０１９年にＨＴＢが制作した『チャンネルはそのまま！』の事例を見ていこう。

ＨＴＢといえばローカル放送局の成功事例として挙げられることが多い。この特異なスタンスのローカル放送局は1968年に開局、当初はNET系列だったが、1970年に現在のテレビ朝日系列に加盟した。ただ創業者が株投機に失敗し、1980年にはHTBも影響を受け連鎖倒産の危機に陥ったが、テレビ朝日や朝日新聞などの朝日新聞系列各社がHTBに救済出資し、倒産の危機を免れた。それを契機に朝日新聞系列各社との結び付きが強い放送局となって、現在に至っている。

ローカル放送局の一般的なセオリーに反して、ローカル番組の制作に意欲的に取り組み、『水曜どうでしょう』のDVD売り上げは局の売り上げの1割を超えるという。もちろん番組販売での収入も無視できない。番組の主役である大泉洋も現在では映画、テレビドラマに欠かせない役者に育ち、企画、出演の鈴井貴之も自らの企画・制作会社を成功させている。これは札幌というローカルにとって大きな意味を持った。すなわちローカルでも役者やタレントマネジメントがビジネスになり得るし、映画制作などにも着手できる可能性を提示したのである。

『チャンネルはそのまま！』はHTBの開局50周年記念作品として2019年に連続ドラマ化された。原作は佐々木倫子の同名のマンガで、総監督に本広克行を起用、同局の人気番組『水曜どうでしょう』のディレクターも監督とプロデューサーで制作に加わっている。同年3月11日からNetflixで独占先行配信され、3月18日から22日まで北海道テレビ放送で5夜連続放送された。その後、全国で複数のテレビ朝日系列局、独立局をはじめとして、TBS系列局でも放送された。主演は芳根京子、『水曜どうでしょう』の鈴井貴之、大泉洋、大泉洋の所属する演劇ユニット・チームナックスのメンバーも出演した。そして2019年度の日本民間放送連盟賞の番組部門テレビドラマ番組最優秀賞を受賞した。

このようにHTBは長い時間をかけて独自の番組制作能力を高めてきた。それが結果的に競争力をつけることになった。当初、準キー局でもないローカル局が深夜帯に自社の番組を制作することは、無謀な試みとして捉える向きもあった。しかし『チャンネルはそのまま!』も札幌及び周辺で撮影されており、観光創出にも少なからず寄与したと見ても良い。

ただし現在、地上波テレビ局の再編も始まり、経営的に赤字のローカル局が増えているので、従来のような試みが今後も可能なのか、それとも他に方策があるのか、注視していく必要がある。また、フジテレビ問題に見られるように、放送局内部でのコンプライアンスに対する姿勢など課題が山積していることも明らかになったことから、放送局全体として襟を正す必要があるとともに、事業ドメインの多角化などの模索が続くことになるだろう。

地域映画制作の活発化

ローカルでの映画制作も活発化してきている。このようなアプローチの目的には交流人口拡大のための観光領域、そして地域アイデンティティ形成のためのコミュニティ領域での議論に集約されるが、一般的には疲弊するローカルの再生への効用があると見られている。ただしまだ本格的な取り組みとしては日が浅く、研究蓄積もほとんどないというのが実情だ。しかし重厚長大産業の誘致などに代わる、地域文化資源を活用しての地域活性化策としては議論を深めていく余地は十分にあると考えられるのではないだろうか。

地域映画のムーブメントが生じた背景には、ローカルにフィルムコミッションが続々と設立されたことがまず挙げられる。日本では2000年に設立された大阪ロケーション・サービス協議会がその嚆矢《こうし》とされているが、翌年に全国フィルム・コミッション連絡協議会が設立され全国的な動きへと波及していく。現在では組織変更し、特定非営利活動法人ジャパン・フィルムコミッションへと移行しているが、地域のフィルムコミッションは自治体、観光協会、コンベンション協会、NPO、一般社団などその組織形態はさまざまだ。

フィルムコミッションとは映画のロケ誘致や撮影支援を行う公的機関であり、自治体、観光協会、コンベンションビューローに部署を設置していることが多く、またNPO、一般社団などの形態を取っているところもある。その目的は映画のロケ誘致を行うことで地域活性化、文化振興、観光促進を図ることで、近年のロケ地巡りの活発化によってフィルムコミッションも必然的に注目されるようになってきたといえよう。

さて2014年公開の『そこのみにて光輝く』は、函館を舞台にして撮影された作品だ。これも一種の地域映画と捉えることもできる。函館市では1990年代前半に、営業していた各映画会社の直営館が次々と閉館した。これはローカルに共通の現象だった。菅原和博を代表とする市民団体は自主上映の場を模索し、その結果、函館市民470人の出資を得て常設映画館の開館を目指した。それがコミュニティシネマ「シネマアイリス」である。2009年には代表の菅原らが函館出身の小説家、佐藤泰志《やすし》原作の『海炭市叙景』の映画化を企画し、函館ロケが行われた。作品は2010年冬に公開され、キネマ旬報ベスト・テンで年間9位になった。このときは資金集めに苦労し、上映も全国のコミュニティシネマのネットワークに頼ったということである。

その後2016年に公開された『オーバー・フェンス』をもって「函館3部作」となる。そしてその後、シネマアイリスの開館20周年を記念した映画『君の鳥はうたえる』が2018年に公開され、この作品もキネマ旬報ベスト・テンで年間3位となった。当初から市民が支える映画制作だったが、絶版になっていた佐藤泰志の作品が復刊したことも大きく、つまり彼らは観光文脈ではなく、函館のアイデンティティ再確認のためにこの試みをしたように見える。人口30万人を切る函館市においての意味は非常に大きい。また「シネマアイリス」は2022年「第44回サントリー地域文化賞」も受賞している。

現在はYouTubeも一般に浸透しており、誰でも映像が制作できて、公開できる仕組みが出来上がっている。地域映画もストーリー性のあるものだけではなく、自治体のプロモーションツールとしても定着を見せている。要するに、デジタル化は用途の多様性や制作主体の多様性を引き出しているといえるだろう。今後は個々人が映像作家として動画共有サイトなどで作品を発表できる環境になってきているので、劇場公開、DVD化などの既存のビジネスモデル以外の選択肢も増え、可能性はさらに広がってきている。

食文化の物語化「B－1グランプリ」

地域活性化のツールとして食文化が取り上げられることが多い。海外での日本の食文化は、2013年のユネスコ無形文化遺産「和食：日本人の伝統的な食文化」に登録されており、それを機により注目されるようになった。「和食」の特徴としては「多様で新鮮な食材とその持ち味の尊重」「健康的な食生活を支える栄養バランス」「自然の美しさや季節の移ろいの表現」「正月などの年中行事との密接な関わり」が挙げられる。もちろん寿司、ラーメン、天ぷらのように、それ以前から海外で高い認知度があったものも少なくはない。日本の食文化にはそれぞれにストーリーがあり、「経験価値」も重要な要素になっている。一般的には後者のほうが効果的なのかもしれない。つまり、美味しければまた食べたくなるという循環が生じるのである。これは、あくまで理屈ではなく感性によるところが大きい。もしそこにストーリーが付加されると、さらに経験に意味が付随して深化していくはずだ。

筆者は2017年に『おにぎりと日本人』（洋泉社）という新書を上梓した。食文化も創作物だと定義すると、広義に解釈すれば食文化は紛れもなく文化コンテンツだ。そこではおにぎりという、日本人にとってはソウルフードというべき存在の食文化について文化史的なアプローチによる考察を行った。食文化の地域活性化で最も注目されたのは、「B－1グランプリ」ではなかろうか。もともとは2006年に青森県八戸市の八戸せんべい汁研究所のメンバーが中心になり、同地で第1回大会が開催されたところから始まったものである。回を追うごとに参加団体、入場者数とも右肩上がりとなり、2013年の第8回の豊川（愛知県豊川市）大会では64団体が出展、約58万人が来場した。その後、「愛Bリーグ」（ご当地グルメでまちおこし団体連絡協議会）も結成され、全国大会も毎年開催されてきたが、2016年に東京都の臨海副都心地区で特別大会が開催されて以降、2017、2018年は休止、2019年に兵庫県明石市で開催されたのが直近のものである。

やはり長きにわたっての組織運営の難しさか、「B－1グランプリ」初期からの参加団体、例えば「厚木シロコロ・ホルモン探検隊」（神奈川県厚木市）、「久留米焼きとり文化振興会」（福岡県久留米市）などは退会している。しかし好調期には地域経済に与える効果も大きく、さまざまなマスメディアからも注目されていた。つまり「B－1グランプリ」も一定のストーリー化がマスメディアを通じてなされていったと考えられる。地域が「食」を通じて行うまちおこしは、人々の琴線に触れる物語化なのである。

現在、海外での日本のファストフードに対する関心の高まりや、ふるさと納税による地域産品への注目を見るにつけ、「B－1グランプリ」の果たした役割が重要だったように思われる。確かにコロナ禍を経て開催はされていないが、今後、どのような価値で復活がなされるのかにも注目していきたい。

南魚沼市「本気丼」

　さて食文化といえば、筆者が長く関わっている自治体に新潟県南魚沼市がある。近年では「本気丼《マジ》」で随分と名前が知られるようになった平成の合併市である。キャンペーン実施初年度の２０１５年では開催期間３カ月半で３万食、総売り上げ３１００万円、２０１６年では開催期間７カ月で５万４０００食、６０００万円、２０１７年度は開催期間４カ月半で５万４０００食、６４００万円になった。結局、最初の３年間で13万８０００食、売り上げ累計は１億５５００万円を達成したということになる。

「炊き上がりのハリと艶、１粒１粒が主張するコシの強い独特の食感、芳醇な香りと旨み。『この日本一の米で皆さんの本気の大盛丼、作っていただけませんか。』。老舗食堂のご主人、レストランの若きオーナーシェフ、寿司屋の親方、この米の魅力を知り、この米に惚れ込んだこの街の料理人たちの本気が続々と集まった。新潟の恵まれた山海の幸とともに南魚沼を心ゆくまで味わってほしい。今年で10年目、52杯の『南魚沼、大盛本気丼』。日本一のコシヒカリにふさわしい52の本気が今年も南魚沼で始まります。」

　これが２０２４年度のキャンペーンＨＰのコピーであった。

　キャンペーン開始以来、２０２３年度までの累計で45万７０００食、５億８０００万円の売り上げになっている。一時期は隣接する湯沢町の飲食店も参加していたが、現在は南

2024年度の「本気丼」プロジェクトのポスター。名物のコシヒカリを用いた丼が提供される
写真：南魚沼市

魚沼市に限定されているようだ。紛れもなくこのキャンペーンはコシヒカリの存在が大きい。南魚沼市は全国でも知名度の高い米どころだ。南魚沼市は旧大和町、旧六日町、旧塩沢町が合併してできた。

　一般的には高価で希少というイメージを持たれがちなコシヒカリだが、山海の幸とともにコシヒカリを楽しんでほしいという飲食店のオーナーの気持ちが一つに結実したというところなのだろう。企画は南魚沼市商工観光課と、南魚沼市コンテンツ・ツーリズム推進協議会などが協力する形で始まった。実はこの「本気丼」の企画の前に、きりざい丼の普及活動があった。きりざい丼の発祥は、戦国時代の武士たちが合戦前に食べたものだという言い伝えもある郷土食だ。この地域は日本有数の豪雪地帯であり、長い冬の間は雪に閉ざされたため、塩漬け、漬物、干物などの保存食を中心とした食文化が生まれた。とくにたんぱく質を取るためには納豆が貴重な食材だった。そして納豆に余った漬物や野菜を細かく刻んで食べるという工夫がなされた。南魚沼市はこの「きりざい丼」の「B－1グランプリ」参戦を目指して、地元有志による「南魚沼きりざいＤＥ愛隊」を結成、全国で開催される数々のまちおこしイベントにも参加、地元でも教育機関との連携、休耕田の活用等、さまざまな施策を展開していった。

この活動が「本気丼」に展開していったのである。しかし、さらにさかのぼれば、このストーリーの入り口は２００９年に放送されたＮＨＫ大河ドラマ『天地人』に至る。「きりざい丼」が戦国飯だと知られる背景にはこのドラマがあった。観光客も増加した。しかし、大河ドラマ人気を起点にした地域振興の弱点は、放送の翌年以降には観光客が減少する傾向にあることだ。南魚沼市はそこに危機感を持った。故に翌年は『天地人』博覧会を実施していた建物を引き続き活用し、アニメ、ゲームなどの戦国ものを中心に展示するイベント「戦国EXPO」を実施した。

そして南魚沼市は官民の取り組みでB級グルメに奔走し始めることになるのだ。途中で観光資源として、地元の女性をモデルにした「美女旅」という観光パンフレットを刊行する。これは「きりざい丼」とは別文脈になるが、地元に住む若い女性をコンテンツとして捉えていくこの試みは、冊子よりもインターネットで情報が拡大したようだ。

一つの施策の物語を見るだけでは、南魚沼市の物語の全体像は見えてはこない。さまざまな施策の糸が縒《よ》り合わされているからだ。さらに南魚沼市には「魚沼の里」というのどかな里山に、清酒「八海山」の酒蔵を中心に、カフェ、ショップ、キッチン雑貨店、ブルワリー、ベーカリー、そば屋などを複合した施設がある。これも南魚沼市の物語創りには重要な施設だ。

一見それぞれ別の物語が創られているように見えるが、メインの物語には武将から食文化への展開がなされ、そこにさまざまな食文化関連の別の物語が絡んでくるという形になっている。

最近はメディアでも取り上げられることが多かった南魚沼市の「本気丼」だが、次の食文化の施策はこの先「おにぎりサミット」への参画になるのだろうか。

やはり日本の文化コンテンツを支えるローカルという基盤も認識すべきだし、そこで生まれるさまざまな試みには一層注目していく必要もあるに違いない。

第9章

国内の現状把握と今後の課題

経済成長の鈍化

さて文化コンテンツの議論の前提として、先にも一部触れたが、日本の経済状況を改めて把握しておこう。ここしばらくは第二次安倍政権以降の低金利政策のもと、株価の上昇などが生じていたが、名目GDP（IMF統計）では図9のようになる。G20諸国で見ると、近年では米国、中国の伸長が目立ち、2023年度で日本はドイツに抜かれ、第4位に転落している。2011年と比較しても下落基調にあることがわかるだろう。

また国民1人当たりのGDPを見てみよう。図10が示すようにこちらのほうでも低成長だということがわかるだろう。株価だけが近年の低金利政策で上昇し、円安も進んできたが、確かに「ビッグマック指数」で見られるように、他の先進国に比べると物価も安く安定しているように見えるが、それでも上昇はしているし、国民の収入が増えているという実感はない。

また2024年7月に日銀が金利を上げたことによる株価暴落、円高というハプニングにも驚いたが、国民の暮らしが改善されることはあまり期待できない。もちろん所得格差が日本でも開いてきているので、富裕層に限っていえば安穏とした状況にあるのかもしれない。ただ一般の国民は増税、物価高も含めて、生活維持に汲々としている状況にある。

［図9］　名目GDP（IMF統計）※G20諸国の上位6カ国　　　　（単位：百万US$）

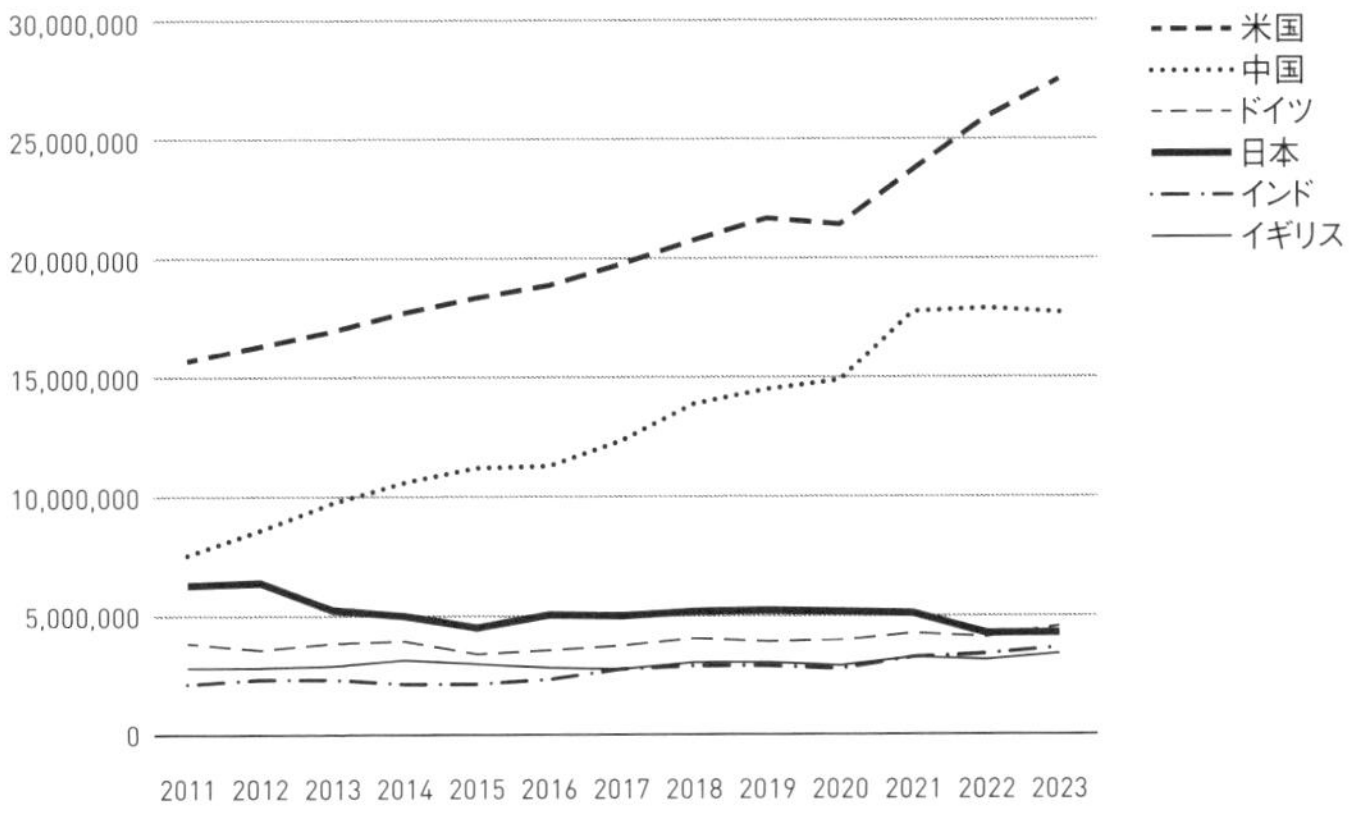

出所：GLOBAL NOTE をもとに筆者作成

［図10］1人当たり名目GDP（IMF統計）※G20諸国の上位11カ国　　　（単位：US$）

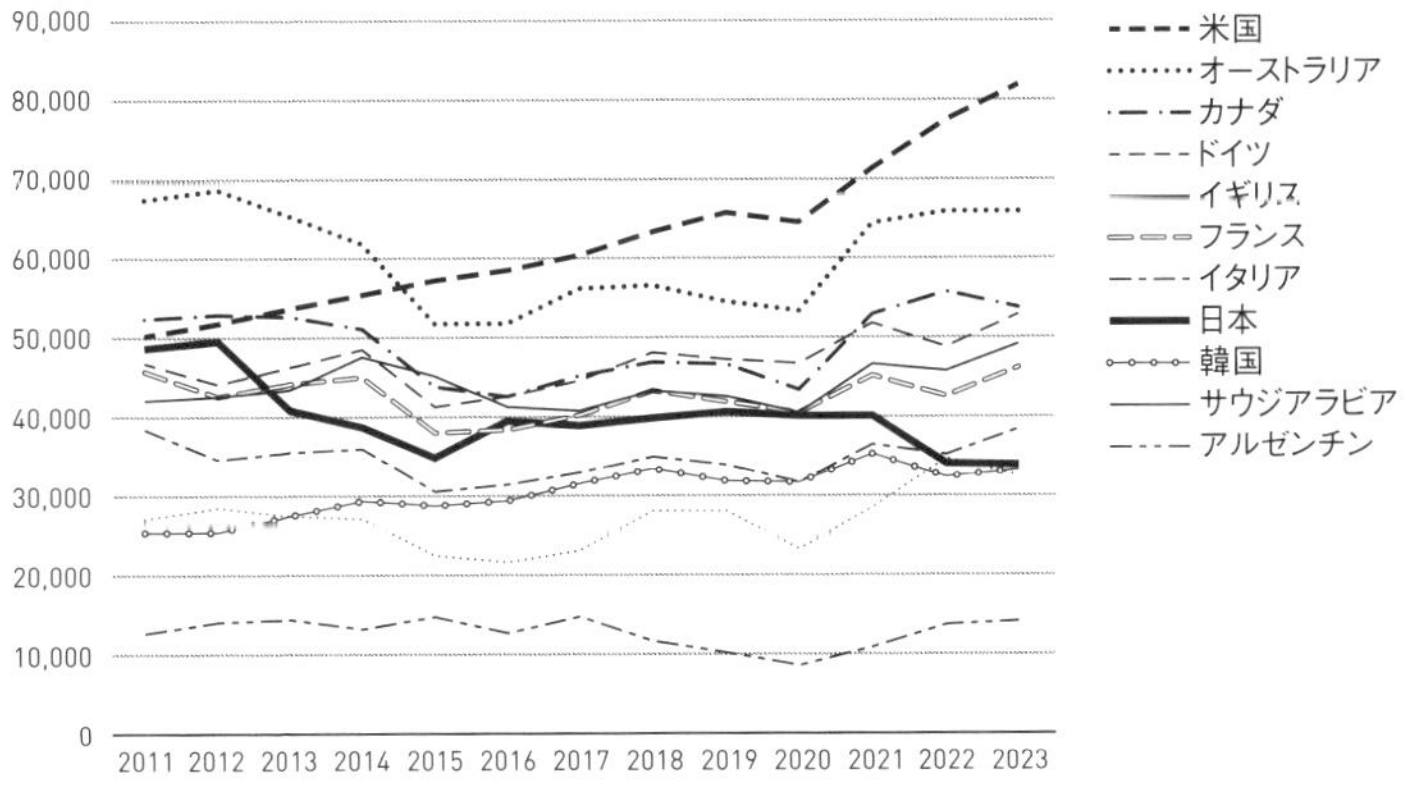

出所：GLOBAL NOTE をもとに筆者作成

内閣府は２０２４年12月23日、２０２３年の日本の１人当たり名目国内総生産（ＧＤＰ）がドル換算で3万３８４９ドルとなり、経済協力開発機構（ＯＥＣＤ）加盟38カ国中22位だったと発表した。比較可能な１９８０年以降で、22年と並び最低順位だった。21位の韓国を２年連続で下回り、Ｇ７でも２年連続で最下位だった。慢性的な低成長に加え、為替相場の円安進行が響いたとしている。

二つの指標だけでの判断だが、ここ数年、日本経済は停滞、もしくは下降モードに入っているともいえる。長期にわたった安倍政権の功罪、とくに「アベノミクス」の効果検証もきっちりとはなされないままに現在に至った観があるが、唯一、脚光を浴びているのはインバウンド観光客の増大だろう。コロナ禍を経た２０２４年度はピーク時の２０１９年を超えると推測されている。今後、政府は半導体を中心に産業再編を目論んではいるが、結果が出るのは先の話だ。

少子高齢化

文化の承継を考えていく上で少子高齢化というのは厄介なものになりつつある。とくに伝統芸能の領域でクローズアップされることが多いが、おそらくポップカルチャーをはじめとした文化コンテンツの領域にも早晩、影を落としてくるのではないだろうか。少子化

［図11］日本の人口の推移

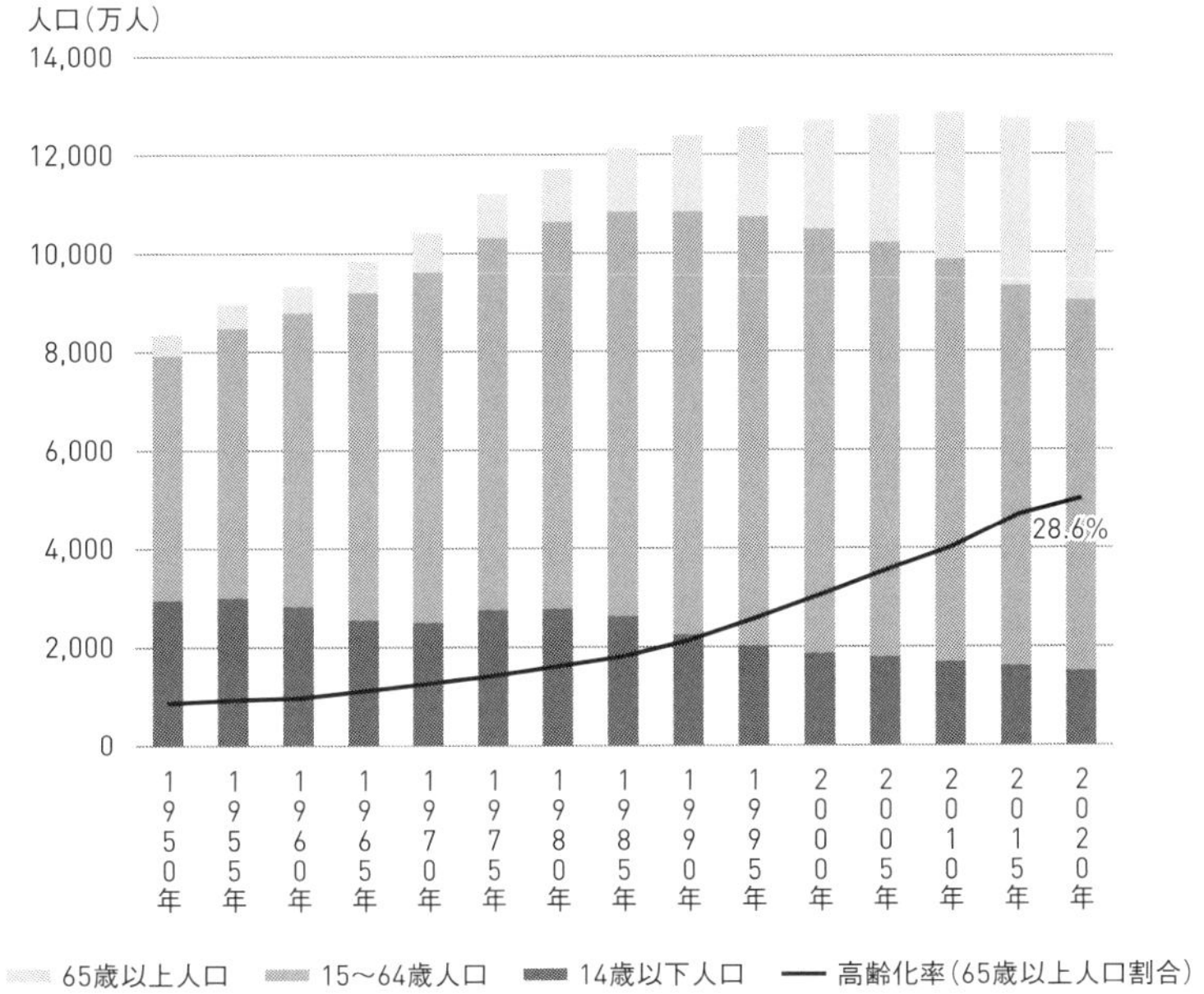

出所：2023年 総務省「国勢調査」

という点を補う人材育成システムの整備やＡＩ技術の向上も当然、視野に入れていく必要があると思われるが、ともあれ先行きにはそこはかとなく不透明感を感じずにはいられない（図11）。

とくに筆者が懸念するのは急激に人口減少傾向にある地方都市だ。ピーク時に比べて半減してしまったところも少なくはない。人口が一定数を割り込むと公立の高校なども存続の危機に直面する。すなわち衰退する地方都市からは若年層が急減する可能性が出てくるということだ。基本的に衰退都市では雇用の受け皿としての機能も失われる。

日本の文化コンテンツにはクリエイター、そして消費者両面で、若年層の存在が大きい。「ヒト・モノ・カネ」が東京をはじめとした大都市に集まり、極端な言い方をすれば、東京一極集中といっても良いだろう。日本の文化コンテンツの大事な特徴が、ローカル独自の文化を反映した多様性にあるとすれば、このような現状では本来的な特徴を喪失してしまわないだろうか。

例えば日本の文化コンテンツを広義で解釈すると、創造性の産物でもある食文化もその範疇に入るが、日本の食文化もローカルの食文化に支えられているといえるだろう。ローカルが衰退すれば、食文化の多様性も失われることになる。先を見据えていくとローカルにおける若年層の減少は甚だ不安材料になる。また食文化とともに広義の文化コンテンツの範疇にあるスポーツにも同様のことがいえるのかもしれない。

少子高齢化に関しての是々非々はさまざまあるが、一般的には日本の将来には懸念点と取られている向きが多い。もちろん税収や労働者人口も減ることで経済的な影響もあるに違いない。だがやはり憂慮せざるを得ないのは、東京をはじめとする大都市と地方都市の格差だ。この点は年々拡大基調にある。

地方都市の衰退は何も食文化に限ったことではない。先述した伝統文化も維持が不可能になっていくし、ポップカルチャーを含む一連の文化コンテンツも同様だろう。音楽、マンガ、アニメ、実写映像などにもローカルの文化が反映されている。これが多様性を特徴とする日本のコンテンツを下支えしてきたのは自明のことであろう。

先述したように、国土は狭いながら各地に独特の文化が存在することが日本の文化の特徴だろう。インバウンド観光客もその点は十分に理解しているはずだ。ゴールデンルート以外の、日本人でもあまり足を向けない場所にも訪れていることからすれば、日本人以上にこの国のことを理解しているのではないかと思うところも多々ある。

ただ少子高齢化の傾向はとどまることはないに違いない。全国的な少子高齢化の中で、地方の町が人口減少を阻止するというのは、おそらく並大抵のことではない。ふるさと納税や地域おこし協力隊等の試みなども行われてはいるが、短期間で結果を期待するのは難しい。明確な目標設定のもと、時間をかけて丁寧に課題に向き合っていくことが重要である。いわゆる期間限定の補助金頼みでは、なかなか事業化に辿り着けないことも多いし、コンサルタントや代理店に丸投げでは自治体職員や地域の人々に責任感を持たせるのも厳しいという現実がある。

博覧会型の都市再開発

2025年開催の大阪・関西万博には不安感が付きまとっている。進捗状況、財政問題など指摘が相次いでいる。またIR構想が並行して存在するので、さらに複雑だ。2021年に実施された東京オリンピックもコロナ禍の影響を受けつつであったので、実施には苦慮が伴った。そしてその後、このオリンピックを巡る汚職問題も取りざたされることにもなった。

日本はこのような大規模博覧会型の事業で都市再開発を行ってきた。もちろんグローバルな規模に限らず、戦前の勧業博覧会からバブル前後の地方博覧会に至るまで、いわゆるイベントをレバレッジにして、都市インフラを整備してきた。１９６４年の東京オリンピックによる新幹線、首都高速道路整備、１９７０年の大阪万博による千里地区の再開発などが記憶に残る。

例えばオリンピックには文化プログラムが同時に実施されることが必須になっているが、今回の大阪・関西万博にも文化コンテンツがちりばめられるのだろう。内閣府では一般社団法人アニメツーリズム協会と協力し、日本のアニメ聖地巡礼を紹介することが検討されているようだ。もちろん食文化も広範囲に紹介されていくに違いない。

日本の文化コンテンツを対外的にアピールする場としては重要だが、先述した、現在抱えている諸問題がいかに解決されるかにかかっている。すでに準備期間の問題などで数多くの国がパビリオンの設置を一部断念したとも、全体的な建設費の負担が増える一方だとも聞く。そういう意味ではインバウンド観光客が増加する現状からすれば、彼らが来日してから過ごす時間の中で、日本の文化コンテンツに触れる機会も多く、強いて万博に頼ることもないかと思われる。

ただ、日本の国土開発の形も考え直さねばならない時期なのかもしれない。博覧会型の再開発は、高度経済成長期には適合する施策であったのかもしれない。だが、実施には膨大な予算が必要であり、現在は災害なども多く、国にそこまでの余裕があるとは思われず、かつ税金に頼る以上、うまくことが運ばないと、国民、地域住民の負担も増えることも予想される。

つまりここにおいてもパラダイムシフトを見ていく必要があるに違いない。グローバルな視点で、またローカルな視点で、多角的に見ていくということだ。従来、博覧会型の都市再開発はどこの国でも行ってきているが、役割の本質が変わってきているともいえる。とくに日本は一般的に経済成長が鈍化しているといわれている。ひとまず国民視点に立っての政策立案、遂行に積極的に取り組む必要がある。

つまり、日本の文化コンテンツを内外にアピールする場としての博覧会にも過剰の期待をするべきではないだろう。東京オリンピックの前のリオデジャネイロオリンピックの閉会式で、当時の安倍首相が「スーパーマリオ」を演じて、日本の文化コンテンツをアピールしたことは記憶に残っているが、総じてこれまでの日本の文化コンテンツの海外認知は民間企業が摸索しつつ、築いてきたものだ。

確かに韓国が近年、K－POPや韓流ドラマによって急速に海外に認知を高めてきたことに比べれば、時間が随分かかってしまった印象は拭えないが、都市は文化コンテンツにおいて重要な位置付けになる。人材は教育機関はもとより、都市を「器」として捉えるならば、都市そのものが人材の孵化器としての役割を果たしているのではないだろうか。単に経済発展のみを目的にする都市再発にはこの点がほとんど無視されている。

米国の作家、ジャーナリストのジェイン・ジェイコブズは、1961年に著した『アメリカ大都市の死と生』において、都市の多様性の条件を、(1)その地区や、その内部のできるだけ多くの部分が、二つ以上の主要機能を果たさなければならない、(2)ほとんどの街区は短くないといけない、つまり、街区や、角を曲がる機会が頻繁でなくてはならない、(3)地区は古さや条件が異なる各種の建物を混在させなければならない、またこの混合は規模が似通ったもの同士でなければならない、(4)十分な密度で人がいなくてはならない、と述べている。そしてこれらの4つすべてが都市の多様性を生むには必要だとしている。本稿を進めていく上では極めて示唆的な論点である。

19世紀末から20世紀初頭にかけて、ニューヨークのグリニッジ・ビレッジに集まってきたのは反体制派の芸術家、画家、作家、そして社会問題評論家たちだったといわれている。彼らは近くのビアホールなどにいつもたむろしており、その後、新たなジャーナリスト、芸術家や知識階級が移り住んできて3、4階建ての赤レンガのマンションが大繁盛となった。

いわゆるあるエリアに集住するという現象だが、インターネットの普及した現代では、シェアハウス、コワーキングスペースという形に遷移しつつあり、それでも文化コンテンツ関係者が住むエリアは東京内部でも多少の傾向は存在する。ジェイコブズは都市の持つ猥雑さこそが、文化コンテンツ関連人材の育成の鍵になっていると指摘している。なお、彼女はニューヨークにおいて連邦政府、ニューヨーク州、ニューヨーク市のバックアップを受け、第二次世界大戦後、1970年代までニューヨークのマスタービルダーとして君臨したロバート・モーゼスと、ワシントンスクエアパークとその周辺の環境保全の問題で長く対立したことでも知られている。

1960年代から’70年代にはサブカルチャーというカテゴリーを確立し、文化コンテンツ関係者を育んでいた路地裏は、バブル期の都市開発に押されながらも、今また再創造されている。全国の路地裏をフィールドワークし、ジェイコブズの論を礎として、路地裏が持つ文化コンテンツ創造の可能性、地域振興の役割を再評価する意味で、筆者は2012年に『路地裏が文化を生む！　細街路とその界隈の変容』（青弓社）を上梓した。

そして界隈性に注目し、都市の一部分を「面」として捉え、文化コンテンツ関係者の営みを追いかけるという試みを行ってきたが、2020年に都市の面的なエリアに点在する文化装置に着目して、『伝説の「サロン」はいかにして生まれたのか　コミュニティという「文化装置」』（イースト・プレス）を上梓、こちらのほうは都市の中の「点」に注目したものだった。

この本のコンセプトは、なぜ、ある時代、ある場所に、世紀の天才たちは集うのかという問いとその回答だった。事例として取り上げたのは、マンガの歴史を生んだトキワ荘、大泉サロン、ネットワークを築いたヤマハポピュラーソングコンテスト、ぴあフィルムフェスティバル、文化コンテンツ関係者がオフィスを連ねたセントラルアパート、文化人のたまり場となった音楽喫茶などだった。日本の文化コンテンツ創出の温床となった「場」

の磁力について考察したつもりだ。
そして集住、同好の士、上京行動、ローカル・ネットワーク、セレンディピティ（予想外のものを発見すること）にも言及し、日本の文化コンテンツの産業化の源流を探った。その一連の研究で見えてきたことは、日本の文化コンテンツ創出は国家レベルでの政策とは無縁であり、どちらかというとあくまで民間レベルでの営みが形を作ってきたという事実だ。

つまり政府の関与は今後もそれほど必須ではないのかもしれない。クールジャパン政策もほぼ評価されていないように、政府の関与を忌避する文化コンテンツ関係者も多い。日本の文化コンテンツの特徴はその表現の自由さにあり、昨今、グローバルな範囲で注目されてきている文化盗用の問題も日本は大きなバッシングを受けていない。その大きな理由は、日本の文化コンテンツ関係者は他国の文化コンテンツに一定の敬意を払い、かつ抵抗なく自然な形で柔軟に受け入れるという点にある。

歴史的にも江戸時代以降、文化コンテンツは民間が創造してきたという経緯があり、これは他国に比べて特徴的だといわれている。博覧会などのイベント型の都市再生に見られるように、それは明治以降の国家的な動きの延長線上にあるものとして捉えてもいいのかもしれない。文化コンテンツの温床を創るための国家的、公的措置はあまり意味をなさないように思える。基本的に文化コンテンツはボトムアップの形で昇華していくものと見ていく必要がある。

文化コンテンツの技術的環境変化

基本的に文化コンテンツの大半は技術的なイノベーションとともに発展を遂げてきた。もちろんそれぞれのコンテンツは、ジャンルごとに発展過程が幾分違うので、包括的に扱うことが難しい点もある。しかし創造、創作という文脈では共通し、それが文化コンテンツの本質となっていることは否定できない。また映画は総合芸術といわれるように、脚本、演出、映像、音楽、美術などが複雑に絡み合って作品が制作されていることを前提に考えると、本書ではあくまでコンテンツという概念に着目して進めてきたつもりだ。またデジタル化によりウェブトゥーンなどの新たなジャンルの創出、及び本来的に曖昧だったジャンル間の境界もさらに深化したと見ることもできる。例えば、果たして音声合成ソフトの「初音ミク」は音楽なのだろうか、キャラクターなのだろうか、それとも「初音ミク」というコンテンツなのだろうかということである。

現在ではデジタル技術が大きな影響を与え、創作環境もアナログ時代と一変している。日本は一時期、ガラパゴス化と揶揄され、デジタル対応が遅れたとされるが、一部では2Dアニメのように残存者利益をあげた事例も見られる。つまり米国や中国などのアニメ産業が3Dにシフトした影響で、2Dアニメは日本の独占状態になったという見方だ。日本ではマンガ、音楽などは、欧米に比べるとサブスクリプションの進展がまだ進んでいないともいわれている。

ただ、今はデジタルの時代だ。十数年前と比べても、全く違った環境になっている。インターネットの普及でマスメディアも勢いを失いつつあるように見えるし、コンテンツも固定物の販売からサブスクリプションのビジネスモデルに転換し始めている。さらにはそのビジネスモデルすら、次のモデルに転換する可能性も秘めているわけだ。「チームラボ」のような新しい展開もデジタル技術のひとつの効用だ。このような時代の転換によって地方での成功の可能性も生じているのも事実だろう。

またデジタル技術のイノベーションにより、プロとアマチュアの格差も次第になくなってきた点にも注目するべきだろう。誰でも創作者になれる時代が到来したといえる。デジタル技術の発展により、アマチュアでもプロに近いクオリティを実現させてくれるようになった。また同時にインターネットは誰でも情報の発信が可能になるという新たなスキームを具現化させた。これも本書のテーマに大きく関わってくるだろう。

またChatGPTや生成ＡＩにも注目しなければならない。ＡＩ技術の発達は既存の文化コンテンツのあり方そのものも変革するのかもしれない。すでに音楽、文学作品、マンガ、映像など数多くのジャンルでＡＩ技術が活用され始めている。つまり芸術的な、もしくは基礎的な素養がなくても表現が可能になり、作品化がなされるということだ。先述したプロとアマチュアの境界線はこれによって消滅するのかもしれない。まだこの領域は発展途上であり、国内外で法制化も進んではいない。

日進月歩、イノベーションが進むことで明確なゴールが設定できないという難しさもある。もはや筆者のような高齢者には付いていけない部分も明瞭だ。つまり個人レベルで文化コンテンツの未来像がうまく描けないというのも正直なところだ。とりあえず従来の延長線上で物事を捉えていっているものの、果たしてそれが正解なのかもわからない。

ともあれ日々の情報収集の中で、さまざまな予兆を感じる。おそらくデジタルに移行してから、イノベーションの速度が加速度を増していることはもはや自明のことだろう。振り返るとアナログが主流だった1980、'90年代はまだまだのんびりしていたように思う。ちょうど携帯電話やPCが普及し始めた頃だ。

文化コンテンツ同様にメディアの変化も驚くことばかりだ。これまで4大メディアと呼ばれていたテレビ、ラジオ、新聞、雑誌の優位性は大きく揺らいでおり、最大のメディアであったテレビも配信、動画共有サイトに押されて落日の体をなしている。この背景にはインターネットの普及があり、4大メディアも共存を試みているが、現実的にはなかなかうまくいかないのが実情だ。もちろん旧態依然とした体質に起因していることもあるが、今ではオールドメディアと揶揄される事態にもなっている。

実際、図12が示すように、インターネットの急伸によりテレビですら広告費は鈍化しており、YouTubeの接触時間数は、男女とも、10代、20代ではテレビを上回っているという報告もある。すでにその世代ではテレビが最上位ではないという事実は大きい。つまり

［図12］日本の広告費の推移　（単位：億円）

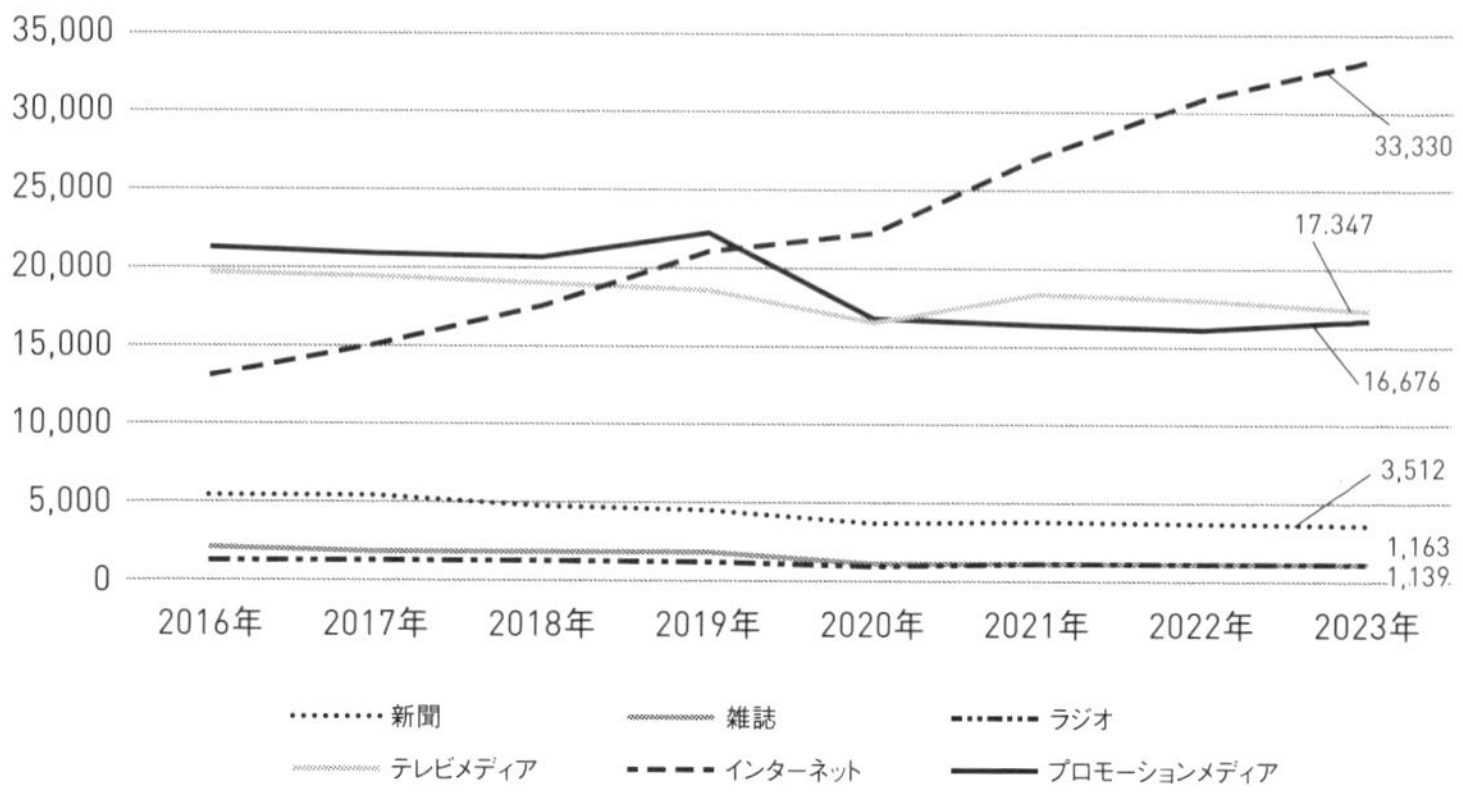

出所：2023年 電通「日本の広告費（各年）」をもとに作成

彼らの世代が徐々に齢を重ねていくことにより、やがてはこの傾向が全世代に定着するという予測が成り立つ。

　つまりメディア環境が大きく変化することによって、文化コンテンツの発信の場も大きく変化しているということだ。現在、文化コンテンツはパッケージから配信プラットフォームに依拠する形に移行し始めている。文化コンテンツは競争戦略的に見ると、強力なディストリビューションシステム（流通システム）を確保することで優位性を確保できるといわれてきた。この点では日本は後手に回っている。グローバルな文化コンテンツのディストリビューションシステムの大半は欧米に握られている。

　この点は甚だ残念なことであるが、見方によれば日本の企業は既存のプラットフォームを十分に活用してきたという意見もある。確かに２０２４

年に米国で大ヒットしたテレビドラマ『SHOGUN 将軍』は米国のＦＸが制作し、Huluなどで配信、日本ではDisney+が独占配信していた。同年、世界的に話題を集めた映画『シティーハンター』もNetflix制作、配信だった。

日本のスタンスは特殊なのだろうか。デジタル化以降の実績を改めて分析していく必要性があるかもしれない。日本ではアニメ、実写作品に関しては制作費を集め、またリスク分散を視野に入れた製作委員会方式が一般的な座組になっていた。しかしその規模は米国や中国とは比較にならないとすれば、一定の制作費を集めるためのひとつの妙案といえる。

ただ留意しなければならないのは、アナログ時代とは一線を画したイノベーションが進行している点だ。おそらく従来のマスメディアが情報や文化コンテンツを支配してきた時代は終焉を迎えることだろう。そのとき日本はどうあるべきなのか、この点に関しては十分に議論を進めていくことが重要だと思われる。

内需の混乱

ここ近年の円安でさまざまな変化が生じてきている。インバウンド観光客の増加というプラス面はあるものの、輸入に頼っている原材料費の高騰により、物価水準も上昇し続けている。確かに株価は上昇したものの、人々の生活が総じて楽になっているとはいい難い。またこの過程で所得格差、地域格差も生じてきた。当然、人口減少にも着目しなければな

［図13］ 2012〜2023年の日本のコンテンツの海外市場規模の推移と分野別内訳

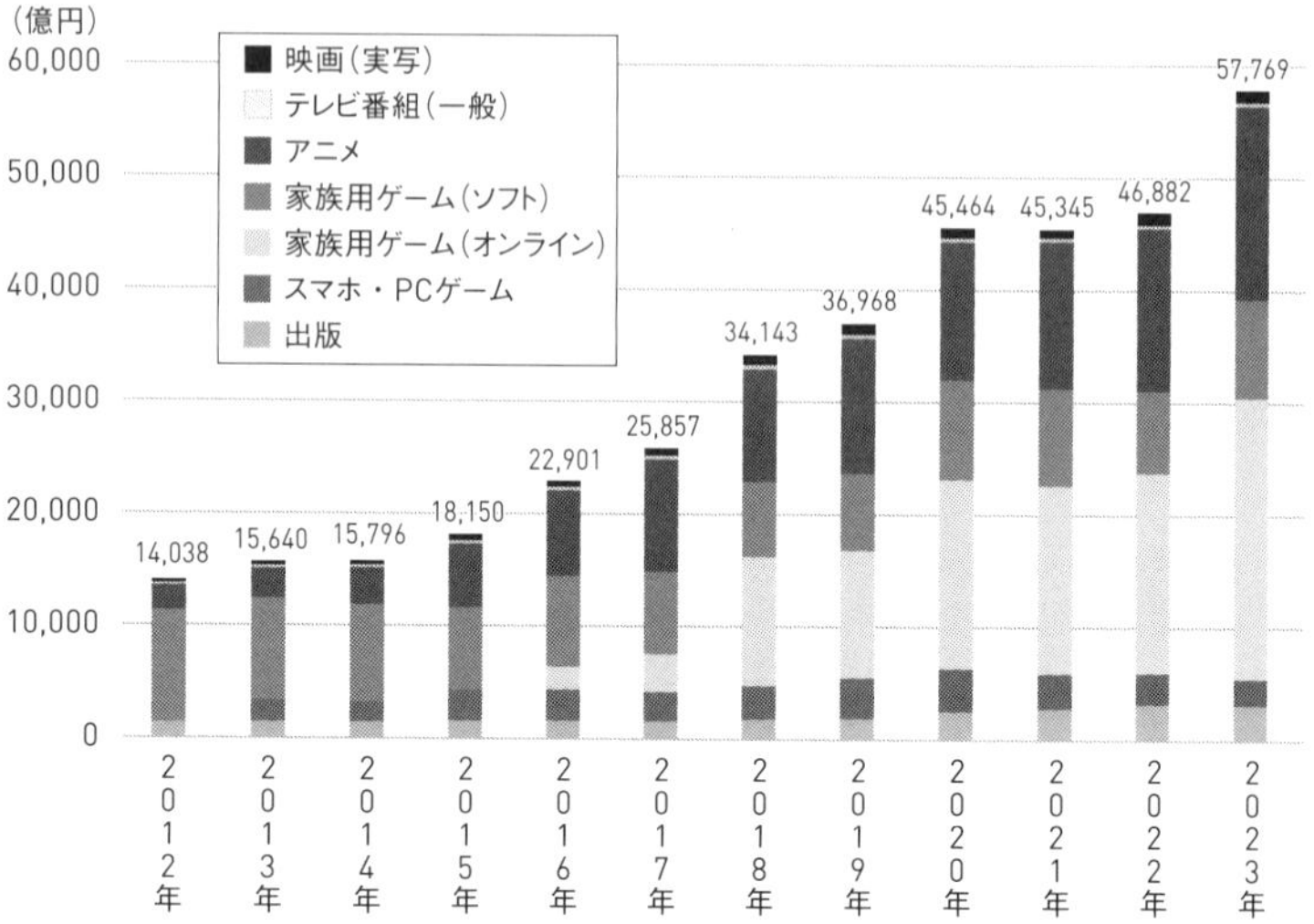

出所：（株）ヒューマンメディア刊「日本と世界のメディア×コンテンツ市場データベース」

らないだろう。

日本の内需は一見、落ち着いて推移しているように見えるが、実際のところ、混迷していると捉えるのが正しいのかもしれない。三菱ＵＦＪリサーチ＆コンサルティングによる２０２４年６月の発表によれば、「物価高による内需の低迷を背景に、景気は足踏みしている。内需においては、雇用が緩やかに改善し、賃金が増加する中で、物価高による実質賃金の低迷の影響に加え、コロナ禍明け後のサービス需要の回復も一巡しつつあり、個人消費は弱含んでいる」とし、今後は景気も回復基調にあると述べている。

やはりまず指摘されるのは物価高だ。身近でも物価が上昇しているという実感がある。確かに円安に推移することで、インバウンドの観光客が増えたという側面もあるが、国民の生活にとってはマイナス要因だ。光熱費、ガソリン、食品など生活必需品の価格が高騰、筆者がとくに実感しているのは、ホテルなどの宿泊施設だ。時期によっては東京都内でビジネスホテルクラスでも2万円を超えるし、福岡、札幌などの地方都市でも1万円を切るところを探すのは大変だ。

基本的にこの物価上昇の状況で内需を高めていくためには、賃金上昇や減税が重要な要素になっていくが、これは政権に期待するしかないだろう。もしくは産業的な成長ドメインの創出だろう。そうなると成長する文化コンテンツに着目する必要があるに違いない。またこの文化コンテンツはスポーツ、食文化、観光などが含まれていない狭義のものだが、それでもポテンシャルは極めて高くなっていると見てもいい（図13）。

「クールジャパン」再起動

2024年、さまざまな論評があった「クールジャパン」も再起動することになった。改定は2019年以来ということになろうか。変更点は大まかにいうと日本の文化コンテンツ関連分野を日本の基幹産業に位置付け、若手クリエイター及びアーティストの海外展開を複数年にわたって支援、文化や学術関連資料のデジタル化を進め、2026年以降の政策を策定、農林水産物の輸出多角化、インバウンドの出国先の多様化などの骨子になる。

関係省庁は内閣府、総務省、外務省、文部科学省、農林水産省、経済産業省、国土交通

省と多岐にわたるが、クールジャパン推進に関する関係府省連絡会議が取りまとめ、最終的に知的財産戦略本部が統括するという座組になっている。省庁間の連携、融合等がこれまでの課題のひとつだったが、ただ今回は2023年に先行した経団連の動きとも足並みを揃えることが必要であろう。

文化コンテンツと国の関係性には絶えずさまざまな議論があった。クールジャパン否定派も多い。つまり日本の文化コンテンツはクリエイターを軸に、民間企業の創意と工夫によって発展してきたものであり、国が関与することによって自由な発想に規制が入るという危惧だ。もちろん国も支援するというスタンスであり、決して主導権を担うことは考えてはいないだろうし、経団連も同様であろう。

しかし近年、韓国の文化コンテンツが海外での認知を高める様を見て、日本でも韓国コンテンツ振興院による一元化と同様の座組も検討されるようになった。従来のクールジャパンの座組は関係省庁それぞれに対応してきたので、統一感がなかったという反省のもと、知的財産戦略本部の強化がなされたのだろう。

知的財産戦略本部は2003年に設置され、2015年から内閣府特命担当大臣（知的財産戦略担当）が配置され、本部長は総理大臣が務め、内閣府特命大臣担当副本部長という位置付けになる。副本部長にはその他、内閣官房長官、文部科学大臣、経済産業大臣も任命されている。

しかし国が文化コンテンツを牽引するというのは現実的なのであろうか。確かに日本では文化GDPは成長し、GDPに対する比率も低くはない現状からすれば、さらに国の成長のエンジンにしたいという思惑が透けて見える。ただ文化コンテンツは外野席から眺めているだけではわからないことが多い。故に文化コンテンツに携わる各企業からも委員が任命され、そこを俯瞰しようとしていることは理解できる。

ただ技術的イノベーションや国際的な競合は絶えず行われており、そのサイクルは目まぐるしくなってもいる。国に期待するのは国際間の調整、資金補助、そしてさまざまな情報のキャッチアップと共有化にあるのだろう。筆者も否定する気はないが、しかしイニシアティブはあくまでクリエイターにあるという点を明瞭にすべきだと考える。

国の関与の程度によっては作品への審査が入り、政府の意向に沿った作品制作を余儀なくされる事例もある。この関与の程度は、やはり必要以上に緊密になることは避けるべきだろう。表現の自由に関してはさまざまな議論もある。制作側も一定のモラルを持つことが必要ではあるが、可能な限り自由であるべきだろう。

基本的には文化コンテンツにはカウンターカルチャーの要素も含まれており、それが発展のひとつの要因になっていることに疑念の余地はない。予めルールを決める必要は感じないが、阿吽の呼吸での距離間に重きを置くことが肝要に思われる。

2023年4月11日、経団連はアニメ、ゲームなどの文化コンテンツ強化を所管する省庁の新設をはじめとした経団連版成長戦略「Entertainment Contents ∞ 2023」を発表し

［図14］「Entertainment Contents ∞ 2023」取り組むべき5つの施策

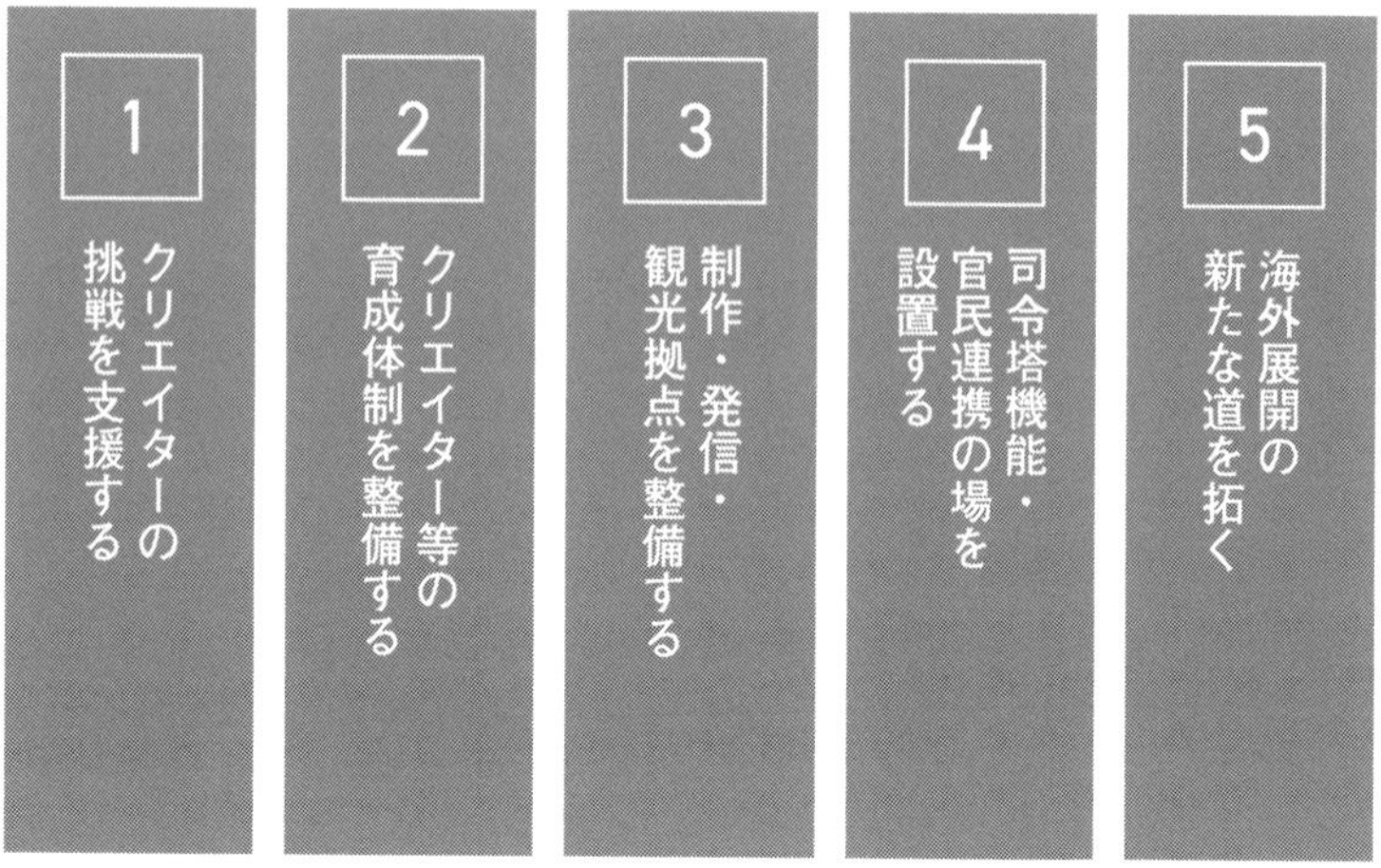
1
クリエイターの挑戦を支援する
2
クリエイター等の育成体制を整備する
3
制作・発信・観光拠点を整備する
4
司令塔機能・官民連携の場を設置する
5
海外展開の新たな道を拓く

出所：2023年 経団連版成長戦略「Entertainment Contents ∞ 2023」

た（図14）。日本の文化コンテンツが、海外で高く評価されていることから、コンテンツ庁などを設置し、一元管理し、携わる人材育成や海外展開を促進すべきと提言した。おそらくステークホルダー間の調整機能にも期待してのことだろう。果たしてどのように進むのか、興味深いところだ。

また２０２５年5月に京都で開催される、文化庁が主体となって、日本レコード協会など音楽系の主団体が関与する日本版グラミー賞、「MUSIC AWARDS JAPAN」がひとつの試金石になるだろうか。これはアーティストやレコード会社スタッフ、メディア関係者ら５０００人以上で選ぶ国際音楽賞で、最優秀楽曲賞、最優秀アルバム賞、最優秀アジア楽曲賞といった主要6部門に加え、Ｊ－ＰＯＰ、ヒップホップ、アイドルなどの60以上のカテゴリーを設けるもので、本家のグラミー賞にどこまで接近できるのか、興味深いところだ。

▨ 喪失しつつある倫理観

最近、日本でも痛ましい事件が増えているという印象がある。従来からの経済偏重が生んだ歪みなのか、はたまた格差のなせる業なのか、見方は多々あるに違いない。例えばドイツ・ボン大学教授で哲学者であるマルクス・ガブリエルは、『倫理資本主義の時代』(2024年、早川書房)で、現代資本主義の問題点や課題、そして倫理的な視点を取り入れた資本主義の新たな形について考察している。

ちなみに彼は現代をこう捉えている。「国内的にも国際的にも経済格差が拡大している。異常気象や急激な自然環境の悪化というかたちで生態学的危機が表面化している。これらすべてが大規模な移民発生につながっており、政治的混乱を引き起こしている。一方、科学技術の進歩によって、人工知能(AI)システムを筆頭にデジタル技術が社会に浸透している。それは富と雇用を生み出すだけでなく、自動化による雇用喪失や、私たちをとりまく社会的世界のさらなる加速化を引き起こしている。社会の変化があまりにも速くなっているため、メディア、政治、市民社会は世界全体で何が起きているのか、もはや把握できなくなっている」。

そしてその現状を前提に、彼は現代の資本主義社会における倫理的責任を強調している。

倫理観とは、個人や社会が「正しいこと」「間違っていること」を判断するための基準や価値観のことだ。人々は倫理的な行動を求められ、他者との関係や社会全体の利益を考慮して行動することが求められる。倫理観は文化や社会の影響を受けつつも、普遍的な価値を持つ場合もあり、道徳や法律、宗教などがその基盤となることが多い。

つまり単なる利益追求にとどまらず、企業や個人が社会的責任や倫理的な観点を取り入れた形で経済活動を行うべきだと主張している。このような倫理資本主義は、従来の利益優先の資本主義とは一線を画し、環境問題や社会的な公平性、人権など、広範な倫理的価値を考慮することを求めている。

近年、資本主義の限界についてはさまざまに議論されてきたが、ガブリエルは現代の資本主義がもたらす幾つかの深刻な問題についても言及している。例えば、格差の拡大や環境破壊、消費主義の蔓延などだ。これらは従来の資本主義モデルがもたらした結果であり、企業の無制限な利益追求が社会全体に悪影響を与えているとしている。

彼は資本主義の改革として、企業が社会に対してより責任を持ち、倫理的な原則にもとづいた経済活動を展開すべきだと提案している。企業は単に利益を追求するのではなく、環境保護や労働者の権利、持続可能な社会の実現を視野に入れる必要があるという考えだ。これにより、資本主義はより人道的で、持続可能な社会の基盤となると期待されているとする。

ガブリエルは、倫理資本主義が実現するためには、政府の役割も重要であると指摘している。政府は規制や政策を通じて、企業に対して倫理的な基準を守るよう促すべきであり、また、消費者や投資家も企業の社会的責任に対する意識を高める必要があるとする。企業の倫理的な行動を促進するためのシステムやインセンティブが重要だと続けてもいる。

つまり『倫理資本主義の時代』では、資本主義が抱える問題を解決するためのひとつの道として、倫理的価値を取り入れた資本主義のモデルを提案している。現代社会における経済活動がより人道的で持続可能な方向に向かうために、企業、政府、消費者が協力して変革を進めることの重要性を説いている。

経済偏重志向については、これまでも否定的な意見は多かったが、ただ現実的にはなかなか修正できずにここまで来てしまったということなのだろう。日本国内でもさまざまな問題が浮き彫りになってきている。人口減少、少子高齢化、政治への不信感、治安への憂慮、外国人移民問題、所得格差、地方の衰退、デジタル社会への対応、防災対策など枚挙に暇がない。

時代は国外も含めて、大きな転換期だ。倫理観の再構築は必須条件だと思う。変化の中でバランスを保つためには、利己主義ではなく、利他主義への転換が求められる。つまり相手を思いやる気持ちがあってこそ、困難に立ち向かえるのではないだろうか。経済偏重の潮流の中では倫理観は置き去りにされてしまうことが多い。

最近は、治安の良い国といわれていた日本でも深刻な事件が増えた。毎日のように痛ましい事件がニュースで取り上げられるが、どうしてこんなにも起き続けるのだろうか。何か共通の原因があるのだろうか。他人を思いやる気持ちや配慮が欠落してきているのかもしれない。だとしたらこれは憂慮すべき事態だ。

日本の文化コンテンツの底流にある日本固有の文化は、もちろん倫理観を含んでのものである。文化コンテンツを通じて日本人は日本の文化を改めて理解すべきだし、またさらには外国人にも理解を促進できればと考える。前掲した幾つかの日本論がその手掛かりになるのかもしれない。

おわりに

本稿を執筆する時期は少々、タイミングが悪く、筆者が大学院のみならず学部の兼担になり、かつ学内で新たに立ち上がるインスティテュートの設置準備委員会の委員長を務める状況にも重なった。今まで以上に執筆時間の確保には苦慮せざるを得なかった。ただ2023年に韓国コンテンツに関しての書籍を上梓し、それが2024年に韓国でも翻訳刊行されたことで、日本に立ち返って文化コンテンツに関する書籍を執筆してみたいという意欲があった。タイミングは最悪だったが、執筆の機会をいただいたことに対しては感謝したい。

ただ締切があるので、時間を見繕っては少しずつ書き続けた。一応、書きたいことの大半は表現できたとは思う。日本の文化は揺らぎなく継承され、文化コンテンツの背景に紛れもなく存在する。それ故に日本の文化コンテンツは多様性、独自性において比類のないものになっているのかもしれない。

思えば大学教員になって最初の単著が上梓されたのが、2010年のことだった。それから二桁にも上る書籍を世に出させていただいた。コンテンツツーリズム、路地裏、おにぎり、ローカル、湘南、野球など相当、彷徨ってきたが、ただ絶えず文化コンテンツがその中核にあった。

しかしその大学教員生活も残り2年余りだ。あっという間にときは過ぎていった。光陰矢の如しである。退職時には約20年の月日が流れたということにもなるだろう。放送局、レコード会社を30年近く渡り歩き、１８０度違うアカデミックの世界に足を踏み入れ、模索しながら終焉を迎える。

不可解ではあるが、60代が人生で最大の繁忙期であった。50代のときは思い立ったら吉日で、すぐに行動に出ることができたが、60代では役職も増え、先に触れたように、かつ大学院に加えて、学部でのゼミ、授業も持つことになり、日常が多忙を極めることになってしまった。60代は比較的、楽になると高をくくっていたのだが、少々、予定が狂ってしまった。

ただ退職後も余力のあるうちはさまざまなことに関心は持ち続けていきたいし、また何らかの機会があれば教育の場にも現在と違った形で関わってもみたい。最終的には気力、体力次第ということになるだろう。退職後の具体的な形は未だに見えてはいないが、のんびりと過ごすのは性に合わない。故にどれだけ繁忙を極めても乗り切ってこられたのだろう。

社会人になってからの約50年の間、国内外を随分と旅してきた。海外へは、レコード会社から大学へ移ってからも、欧米、アジア諸国と頻繁に足を向けた。やはり他国は実際に訪れなくては理解はできないし、そこで得る知見も多かった。それほど英語に堪能ではないのだが、仕事以外に自由な時間ができると街をひとりで歩き回った。そこで改めて日本を再確認することもできた。

確かに日本は一見、経済的には停滞しているように見えるが、秘めたる文化的なポテンシャルは極めて高い。国外でその点を確認することも多かった。もちろん国内も機会を見て歩き続けてきた。これはこれでローカルを知ることのみではなく、住んでいる東京を知ることにもつながった。

もちろん世の中のすべてを知ることはできない。得られた知見も所詮は断片に過ぎないのかもしれない。ただそれでも十分だろう。日本の魅力をそれなりに知ることはできたし、先々の可能性も見出すことはできた。政治、経済などの局面で課題は山積しているが、希望をすべて失ったわけではない。日本には心を委ねることのできる豊かな文化的な基盤が確実に存在する。

執筆の機会をいただいた徳間書店の担当者である安田宣朗氏、佐藤広野氏、前書を担当いただいた同じく徳間書店の明石直彦氏にも感謝申し上げる。またときに助言をいただいた日本テレビの岡田五知信氏、日頃、支えてくれた院生、学生諸氏、卒業生、修了生にも感謝申し上げたい。

さて2025年だ。混迷する国内外だが、果たしてどのような展開になっていくだろうか。予断を許さない状況にあるが、早くさまざまな暗雲が消えて、本当に人々が幸福感に包まれる、新たな時代が到来することを切に願う次第である。

2025年　南鳩ヶ谷にて記す

○参考文献

・青木保（1999）『「日本文化論」の変容 戦後日本の文化とアイデンティティー』中央公論新社
・李御寧（2007）『「縮み」志向の日本人』講談社
・岩佐十良（2015）『里山を創生する「デザイン的思考」』KADOKAWA/メディアファクトリー
・宇佐見陽（2001）『大リーグと都市の物語』平凡社
・梅原真（2010）『ニッポンの風景をつくりなおせ 一次産業×デザイン＝風景』羽鳥書店
・ウリケ・シェーデ、渡部典子訳（2022）『再興 THE KAISHA 日本のビジネス・リインベンション』日経BP／日本経済新聞出版
・ウリケ・シェーデ、渡部典子訳（2024）『シン・日本の経営 悲観バイアスを排す』日経BP／日本経済新聞出版
・木下斉（2016）『地方創生大全』東洋経済新報社
・九鬼周造（2011）『増補新版 偶然と驚きの哲学 九鬼哲学入門文選』書肆心水
・楠木建（2010）『ストーリーとしての競争戦略 優れた戦略の条件』東洋経済新報社
・クロード・レヴィ＝ストロース、川田順造訳（2014）『月の裏側 日本文化への視覚』中央公論新社
・サミュエル・ハンチントン、鈴木主税訳（2017）『文明の衝突』集英社
・柴崎信三（2015）『〈日本的なもの〉とは何か ジャポニスムからクール・ジャパンへ』筑摩書房
・ジェイン・ジェイコブズ、山形浩生訳（2010）『［新版］アメリカ大都市の死と生』鹿島出版会
・ジャック・アタリ、金塚貞文訳（2012）『ノイズ 音楽／貨幣／雑音』みすず書房
・ジョセフ・S・ナイ、山岡洋一訳（2004）『ソフト・パワー 21世紀国際政治を制する見えざる力』日本経済新聞出版
・谷崎潤一郎（2014）『陰翳礼讃』KADOKAWA
・鶴見俊輔（1999）『限界芸術論』筑摩書房
・ドナルド・リチー、松田和也訳（2005）『イメージ・ファクトリー 日本×流行×文化』青土社

・夏目房之介（1991）『消えた魔球 熱血スポーツ漫画はいかにして燃えつきたか』双葉社
・新渡戸稲造、大久保喬樹訳（2015）『新訳 武士道 ビギナーズ 日本の思想』KADOKAWA
・日本政府（2004）『コンテンツの創造、保護及び活用の促進に関する法律』
・福原秀己（2020）『2030「文化 GDP」世界1位の日本』白秋社
・増淵敏之（2012）『路地裏が文化を生む！細街路とその界隈の変容』青弓社
・増淵敏之（2018）『ローカルコンテンツと地域再生 観光創出から産業振興へ』水曜社
・増淵敏之（2020）『伝説の「サロン」はいかにして生まれたのか　コミュニティという「文化装置」』イースト・プレス
・松岡正剛（2020）『日本文化の核心「ジャパン・スタイル」を読み解く』講談社
・マルクス・ガブリエル、土方奈美訳（2024）『倫理資本主義の時代』早川書房
・三浦展（2004）『ファスト風土化する日本 郊外化とその病理』洋泉社
・米沢嘉博（2002）『戦後野球マンガ史 手塚治虫のいない風景』平凡社
・リチャード・フロリダ、井口典夫訳（2008）『クリエイティブ資本論 新たな経済階級の台頭』ダイヤモンド社
・ルース・ベネディクト、長谷川松治訳（2005）『菊と刀』講談社
・渡辺京二（2005）『逝きし世の面影』平凡社

・一般社団法人日本惣菜協会（2022）『2022年版惣菜白書』
https://www.nsouzai-kyoukai.or.jp/wp-content/uploads/hpb-media/hakusho2022_digest.pdf
・一般社団法人日本動画協会（2024）『アニメ産業レポート2024 サマリー』
https://aja.gr.jp/download/anime-industry-report-2024-summary_jp
・一般社団法人ノオト（2024）
https://team.nipponia.or.jp/note-institute/
・INSUREANDGO（2024）『The global hotspots travellers most want to return to』
https://www.insureandgo.com/blog/global-hotspots-travellers-return-to/
・インバウンドプロ（2022）『世界から見た日本の魅力｜日本の良さをさらに広げるための課題も解説』
https://inbound-pro.com/article/10118/

・映画.COM（2024）『真田広之「SHOGUN 将軍」エミー賞で史上最多18部門の“天下獲り”S2撮影開始は「1年後を目指す」』
https://eiga.com/news/20240917/11/
・GLOBAL NOTE
https://www.globalnote.jp/
・外務省（2024）『海外在留邦人数調査統計』
https://www.mofa.go.jp/mofaj/files/100781392.pdf
・外務省海外交流審議会ポップカルチャー専門部会（2006）『「ポップカルチャーの文化外交における活用」に関する報告』
http://www.mofa.go.jp/mofaj/annai/shingikai/koryu/h18_sokai/05hokoku.html
・観光庁（2024）『「訪日外国人の消費動向」（2024年7-9月期報告書）』
https://www.mlit.go.jp/kankocho/content/001853632.pdf
・観光庁（2024）『旅行・観光消費動向調査 2024年10-12月期（速報）』
https://www.mlit.go.jp/kankocho/content/001864689.pdf
・経済産業省（2022）『文化資本経営促進に関する調査研究事業成果報告書』
https://www.meti.go.jp/meti_lib/report/2021FY/000556.pdf
・経済産業省（2023）『2023年上期飲食関連産業の動向』
https://www.meti.go.jp/statistics/toppage/report/minikeizai/pdf/h2amini165j.pdf
・警察庁（2024）『令和6年の犯罪情勢』
https://www.npa.go.jp/publications/statistics/kikakubunseki/r6_jyosei.pdf
・GRAMMY AWARDS（2024）『10 Neo J-Pop Artists Breaking The Mold In 2024』
https://www.grammy.com/news/j-pop-artists-bands-to-know-2024-yoasobi-fujii-kaze-videos
・経団連（2023）『Entertainment Contents ∞ 2023』
https://www.keidanren.or.jp/policy/2023/027_honbun.html
・言論NPO（2023）『言論NPOと東アジア研究院は「第11回日韓共同世論調査」の結果を公表』
https://www.genron-npo.net/press/2023/10/npo11.html
・厚生労働省『将来推計人口（令和5年推計）の概要』
https://www.mhlw.go.jp/content/12601000/001093650.pdf
・コネクテッドTV白書2024（REVISIO株式会社、株式会社クロス・マーケティング）
https://47208286.fs1.hubspotusercontent-na1.net/hubfs/47208286/service-

materials/dl-files/conected_tv_materials_2024.pdf
・Samurai Style（2023）『「武士道とは死ぬこと」なんて言ってない！？「葉隠」の伝えたかった心とは』
https://samuraistyle.jp/hagakure/
・出入国在留管理庁（2024）『令和6年6月末現在における在留外国人数について』
https://www.moj.go.jp/isa/publications/press/13_00047.html
・Skytrax（2024）『World's Best Airlines 2024』
https://www.worldairlineawards.com/
・総務省（2023）『日本の媒体別広告費の推移』
https://www.soumu.go.jp/johotsusintokei/whitepaper/ja/r06/html/nd213220.html
・電通（2024）『ジャパンブランド調査2024』
https://www.dentsu.co.jp/news/release/2024/0703-010751.html
・内閣府知的財産戦略事務局（2024）『新たなクールジャパン戦略』
https://www.cao.go.jp/cool_japan/aratana/pdf/gaiyou1.pdf
・日経ESG（2024）『国連、日本アニメは「労働搾取」』
https://project.nikkeibp.co.jp/ESG/atcl/column/00005/100900476/
・日本政府観光局（2024）『訪日外客統計』
https://www.jnto.go.jp/statistics/data/visitors-statistics/
・日本政府観光局（2024）『日本が「世界で最も魅力的な国」に選出！』
https://www.jnto.go.jp/news/press/20241002.html
・日本政府観光局（2025）『日本の観光統計データ』
https://statistics.jnto.go.jp/graph/#graph--inbound--travelers--transition
・農林水産省（2023）『海外における日本食レストラン数の調査結果（令和5年）』
https://www.maff.go.jp/j/press/yusyutu_kokusai/kikaku/231013_12.html
・ハンギョレ新聞（2024）『コロナ禍以後、飛躍する日本映画…「新旧調和」の卓越さ』
https://japan.hani.co.kr/arti/culture/49295.html
・ビジネスインサイダー（2024）『世界最高の国ランキング・トップ10 [2024年版]』
https://www.businessinsider.jp/post-293368
・ヒューマンメディア（2024）『2012〜23年の日本のコンテンツの海外売上の推移と分野別内訳』
https://humanmedia.co.jp/database/

・BilboadJapan（2024）『【ビルボード 2024年上半期】世界で最もヒットした日本の楽曲は Creepy Nuts「Bling-Bang-Bang-Born」』
https://www.billboard-japan.com/d_news/detail/138327/2
・FB GLOBAL MEDIA（2024）『なぜ日本酒は海外で好まれるようになったのか？輸出増加の背景や、輸出の際の注意点について解説』
https://fbmg.co.jp/global-media/market/post-561/
・Forbes Japan（2023）『「文化大国」というビジョン。文化資本を価値に変える「希望の物語」』
https://forbesjapan.com/articles/detail/66263
・文化庁（2016）『平成30年度「文化行政調査研究」』
https://www.bunka.go.jp/tokei_hakusho_shuppan/tokeichosa/bunka_gyosei/pdf/r1393028_19.pdf
・文化庁（2024）『令和5年度「文化行政調査研究」』
https://www.bunka.go.jp/tokei_hakusho_shuppan/tokeichosa/bunka_gyosei/pdf/94095901_01.pdf
・三菱 UFJ リサーチ & コンサルティング（2024）『【速報】2024年スポーツマーケティング基礎調査』
https://www.murc.jp/wp-content/uploads/2024/10/news_release_241030_01.pdf
・三菱 UFJ リサーチ＆コンサルティング（2024）『グラフで見る景気予報（2024年6月）』
https://www.murc.jp/library/economyresearch/periodicals/graphical_japan/gr_2406/
・モバイル社会研究所（2023）『YouTube 認知率96.5%　利用率約7割：投稿は10～20代で1割程度』
https://www.moba-ken.jp/project/service/20230515.html
・YouTube（2024）『【海外の反応】米 WSJ が大報道！欧米で巻き起こる「日本化現象」に大手メディアが特集を組む事態に【JPN プライム】』
https://www.youtube.com/watch?v=yDi_L1jZlww
・連合（2023）『連合・賃金レポート2023＜サマリー版＞』
https://www.jtuc-rengo.or.jp/activity/roudou/shuntou/2024/wage_report/wage_report_summary.pdf?40
（※すでに存在しない URL もある）

増淵敏之（ますぶち・としゆき）

1957年、北海道札幌市生まれ。東京大学大学院総合文化研究科博士課程修了、学術博士。法政大学大学院地域創造インスティテュート教授。専門は文化地理学。
NTV映像センター、AIR-G’(FM北海道)、東芝EMI、ソニー・ミュージックエンタテインメントにおいて放送番組、音楽コンテンツの制作および新人発掘等に従事後、現職。コンテンツツーリズム学会会長、文化経済学会〈日本〉特別理事を務める。主な著書に『物語を旅するひとびと』(2010年、彩流社)、『欲望の音楽』(同、法政大学出版局)、『路地裏が文化を生む！』(2012年、青弓社)、『きょうのごはんは“マンガ飯”』(watoとの共著、2016年、旭屋出版)、『おにぎりと日本人』(2017年、洋泉社)、『ローカルコンテンツと地域再生』(2018年、水曜社)、『「湘南」の誕生』(2019年、リットーミュージック)、『伝説の「サロン」はいかにして生まれたのか』(2020年、イースト・プレス)、『白球の「物語」を巡る旅』(2021年、大月書店)、『韓国コンテンツはなぜ世界を席巻するのか ドラマから映画、K-POPまで知られざる最強戦略』(2023年、徳間書店)などがある。

• 装丁・ブックデザイン　小口翔平＋佐々木信博＋嵩あかり(tobufune)
• 校正　株式会社麦秋アートセンター
• 組版　株式会社キャップス

ビジネス教養としての日本文化コンテンツ講座

第1刷　2025年4月30日

著　者　増淵敏之
発行者　小宮英行
発行所　株式会社徳間書店
〒141-8202　東京都品川区上大崎3-1-1
目黒セントラルスクエア
電話　編集(03)5403-4344／販売(049)293-5521
振替　00140-0-44392
印刷・製本　中央精版印刷株式会社

ISBN978-4-19-866000-0